洋介

上司は部下の手柄を奪え、部下は上司にゴマをすれ

会社にしがみついて勝つ47の仕事術

GS
幻冬舎新書
302

はじめに

本書を手にとってくれたあなたは、おそらく会社員だと思います。

このタイトルを見て、「ん？　おもしろそうだ……」とお医者さん、あるいは専業主婦、はたまた独立を果たした起業家がページを捲《めく》ろうとしてくれる姿は到底想像できません。

しかも、あなたは今、会社生活の現状に大いなる不安を抱えているのではないでしょうか。


上司に嫌われている。

部下が何を考えているのかわからない。

こんなに働いているわりに給料が少ない。

会社の今後が心配だ。等々。


だからもう辞めたくて……でもその後のことが心配……決められないから誰かに導いてほしい。

きっとこんな心境だと思います。

それでも「どうして、私だけがこんな目に遭うんだ」なんて落ち込まないでください。

定年まで順風満帆に過ごすサラリーマンなんて、この世に一人もいないのですから。


サラリーマンには、いつの時代になっても、ネガティブなイメージがついて回っています。

夢と安定を天秤《てんびん》にかけ、やむなく後者を選択したといった印象が先行しているせいでしょう。

他にも、「個人の裁量に限りがある」「上司との確執」「部下からの突き上げ」「支払われる給与に限りがある」等々、巷《ちまた》で言われるところのサラリーマンにつきものの負の材料を挙げればキリがありません。

でも、ちょっと待ってください。

現状の環境があまりに居心地が悪いゆえに、サラリーマンだからこそ享受できるメリットをお忘れになっていらっしゃいませんか？

ここで、羅列してみましょう。

・毎月、定期的に決まった収入がある。

・社会的な信用が得られる。
・体を壊し、長期休暇を余儀なくされても、収入がある。
・当面成果がでなくても、収入がある。
・定期的に休暇がある。
・苦楽を共にできる仲間がいる。等々。

こちらも枚挙にいとまがありません。

一方で、サラリーマンではない人々が、ストレスなく充実した日常を送っているかといえば、それは違います。

全労働人口に占めるサラリーマンの割合は8割を超えています。したがって圧倒的少数派となる組織に属さない生き方の苦悩が一般的に知られていないだけです。彼らもまた、特有の悩みを抱え、もがき、苦しみ、それでもなんとか光明を見出しながら必死に生きているのです。

要は、楽な仕事などあるわけがなくて、どの職種を選ぼうが、仕事とはいつも憂鬱であるということ。

何かと悲哀の象徴として扱われがちなサラリーマンですが、この世でとりわけ不幸な存在ではないことを、まずは認識してください。

たとえ今、会社を辞めて、独立を果たしたとしても、決して精神的な安定が確保されるわけではないのです。

何より、現状を逃れるための起業がうまくいくとはとても思えません。起業して成功した人が前述のような迷いや不安を払拭するために会社を飛び出したはずはなくて、したがって厳しいことを言うようですが、本書を手にしてくださったあなたは組織に属する生き方を選ぶべきなのです。


では別の会社に転職するという選択はどうでしょう。

筆者の経験からして、まともな仕事をこなすためには最低3年はかかります。どんなに秀でた特殊な技術を身につけていたとしてもです。

終身雇用制度が当たり前だった嘗《かつ》てに比べて、転職が一般化しているとはいえ、まだまだ日本企業において転職組は外様《とざま》として扱われます。

いかなる技術を備えていようとも、まずは周囲からその人柄を試される期間が必要となるのです。ある程度のキャリアを積んだ人にとって、この試用期間的時間は苦痛以外の何物でもないはずです。

しかも、自身にとって現状より心地好《よ》い環境、平たくいえば居心地のいい人間関係が存在する保証も全くありません。

かえって、嫌な上司に巡りあったり、扱いにくい部下に遭遇することは、かなりの確率でありうるでしょう。

ゆえに今、あなたがどんなに辛く、鬱々とした会社生活を送っていようが、筆者は声高らかに現在勤めている会社に留まることをお勧めしたいと思います。

長引くデフレ、円高の影響により、退職金を積まれ早期退職を勧められようとも、どうか思い止まってください。

会社を辞めることは一時、あなたを現在の苦悩から救い出すかもしれませんが、根本的な解決に至ることはないのです。

もちろんこんな時代ですから、肝心の会社が永遠に存続するかどうかはわかりません。

こんな時代ですから、どの道を選んだとしても、保証される未来など一つもないのです。

でも万一の時にも、これまで苦楽を共にした社員同士助け合うことは可能ですし、会社にいた方が救いの手を差し伸べてくれる人の数は確実に多いはずです。

そして、現状の会社に留まり、サラリーマンであり続ける生き方に誇りを持ってほしいと思います。

四の五の言われようとも、日本経済を支えているのはサラリーマン。

「夢がないよな」

「たった一度の人生なのに」

そんなことを言う輩《やから》は放っておけばいいのです。

仕事に大小はありません。どんな仕事を割り当てられようと、あなたは会社の大事な歯車の一つとして機能しています。

ちっとも楽じゃないし、今となっては安定を得られるわけでもありませんが、ここは堂々と悪びれることなく社会に飛び出した頃の初心を貫徹し、会社に、ひいては日本経済に貢献しようではありませんか。

ただし、会社は年齢も嗜好《しこう》も様々である人間の集合体ですから、そのなかで居心地のいい場所を確保するためにはいくつかのテクニックが必要です。最低限こなさなければならない義務だって存在します。

その、言わば会社生活のマナーに違反しながら、居心地の悪さを嘆いている方は案外多いのです。

つい、上司や会社を悪者にしがちですが、会社のなかに居場所がなくなってしまったもともとの原因はあなた自身の言動にあります。

本書で列挙した実例を参考に、是非会社での振る舞いを自省してみてください。

そして、迷うことなく、会社にしがみついて生きていただければ幸いです。

もう一度言います。悪いことは言いません。今の会社に留まってください。

上司は部下の手柄を奪え、部下は上司にゴマをすれ／目次

第一章　上司は何を思う

――顔色を窺《うかが》っているだけでは、何を考えているのか、さっぱりわからない上司。でも、その心中は、いつだって穏やかではありません。部下からの愛に飢えているのです。ならば部下として、とるべき言動は自ずと見えてくるはずです。

① 出くわしてしまった時、それはチャンスです

エレベーター、トイレ、社員食堂など、社内で不意に上司と出くわしてしまうことはよくあります。

そんな時、皆さんはどうしていますか？　軽く会釈だけして終わり……なんてことになっていませんか？

そんなあなたの態度を見て、上司がどう思うか。一度、自分に置き換えて考えてみてください。

愛想のない奴《やつ》と思われるくらいならいいですが、「あいつ、俺のこと嫌いなのか」と疑念を持たれる可能性だってあるのです。

パワハラ、セクハラなどに対してコンプライアンス厳守が叫ばれるようになって、部下に対する上司の態度、行動は萎縮する傾向にあります。なにせ相手の受け止め方次第で罪に問われることもあるわけですから、びくびくするのも無理はありません。

ひと昔前は、部下の掌握といえば、酒を飲みに行き、勢いに任せて腹を割ればなんとかなると安易に考えられていました。ところが今では、その夜の席自体もしつこく誘えばパワハラと

認定されかねません。その結果、上司はどうすれば部下を掌握できるかがわからないばかりか、自分が部下からどう思われているのかが気になって仕方ないのです。

威厳を保ちたいと思う反面、嫌われていたらどうしようと、気が気ではないでしょう。部下の言動次第では、コツコツと築き上げてきたポジションを一瞬にして奪われてしまうことだってありうるわけですから、致し方ないことです。

まずは上司がそんな心境でいることを、しかと肝に銘じてください。

その上で、出くわした上司にいかに接するべきか？

これはもう積極的に話しかけてあげるに限ります。あなたの一言で上司がどれほど救われることか。顔には出しませんが、もう天にも昇る気持ちです。

話しかけてくれた　↓　親近感を持ってくれている

こんな単純な発想からです。

話しかける内容は、できれば仕事以外の内容が望まれます。いきなり「この前の会議のことなんですけど……」などと言い出したら、逆にTPOのわかっていない奴、不躾《ぶしつけ》な奴と思われかねません。

「最近、ゴルフの調子はどうですか？」

「お子さん、お元気ですか？」

「最近、飲みに行かれてます？」

といった気軽な話題がベターでしょう。

話すのが苦手で、とっさに何を話したらいいのかわからないとおっしゃる方も多いと思います。これには予め《あらかじ》、誰に会ったら、どんな話題を切り出すかを決めておくしかありません。

ここでいう上司は、あくまであなたの今後のサラリーマン人生に少なからず影響を及ぼす人に限ります。自分より役職が上の全員となるとキリがありませんから。思い浮かべてみましょう。大きな会社でも、社長や役員、人事部長も含めて10人もいないはずです。各人に応じた10個程度の話題を予め用意しておくのは、それほどハードルの高いことではないと思います。休みの日にでも、一人一人の顔を思い浮かべて考えてみれば必ず見つかります。そして思いついたら、パソコンに向かって書き出してみるのです。閃《ひらめ》いた話題を文字にすることで、実際に出くわした時にも、スムーズに口をついて出てきます。

ではアフター5に、会社の外で出くわした時はどうしましょう。

互いに目が合ったりしたら、当然声をかけるでしょうが、そうでない場合は見て見ぬふりをする方が多いと思います。オンとオフをきっちり分けることを良しとする風潮がある昨今、わからないでもありません。

でもその選択は間違っています。

たとえ、遠くにその姿を見かけた場合でも、こちらから走っていって声をかけるべきです。「走ってまで来てくれた」と、上司は至極感激するに違いありません。顔には絶対に出しませんが。

彼らは部下からの愛に飢えているのです。

通勤時に駅から会社へ向かう途中、気がついたら、上司が前を歩いていたなんていう時も同様です。

朝は誰だって気分が乗りません。話しかけるのは、相当な勇気がいります。それに目撃したのは後ろ姿ですから、歩く速度をわざと遅くするなんて愚挙に出る方が多いでしょう。

でも、ちょっと待ってください。今ここでほぼ同じ位置にいるということは、同じ電車に乗っていたということも考えられます。つまり、上司は既にあなたの存在に気づいている可能性もあるのです。そんな時、上司はこう考えています。

俺の存在に気がついていたのに、わざと無視しているのではないか　↓　俺のことが嫌いなんじゃないか……

なんて女々しいと呆《あき》れるかもしれませんが、大概の上司はこんな感じです。それほど、部下の言動に敏感なのです。

ですからここでも駆け寄っていって、「おはようございます。毎日暑いですねえ……」と挨拶に一言加えて話しかけましょう。あなたの存在に気がついていた場合は安堵《あんど》するでしょうし、そうでない場合も朝から部下に声をかけられたことに悪い気はしません。当然、あなたの印象は彼らにとって、愛《う》い奴となります。

さあ、シチュエーションを問わず、上司にどんどん話しかけてください。あなたの一言を上司は心待ちにしているのです。

② 日本人なんだから、年賀状は出す

電子メールの急速な普及によって、手紙やはがきを出す習慣が失われつつあります。とくに若者の間ではその傾向が顕著です。日常的にケータイを使ってメールをやりとりするようになって、便箋《びんせん》やはがきに向かってペンを走らせる機会がめっきり少なくなってしまいました。

調べてみたところ、年賀状の発行枚数も2005年あたりから毎年減少しているようです。大事な年始の挨拶にもかかわらず、多くの人が、大して心のこもっていないケータイのメールで済ませてしまっています。その証拠に、毎年、年が明けた瞬間は、ケータイがつながりにくくなります。何より趣を重んじるのが日本人の美徳とされていたはずなのに、全く味気ない世の中になってしまったものです。

さて、そんな若者の風潮に、会社員の皆さんまでが流されてしまっているなんてことはないでしょうか。さすがに上司への年賀状をケータイのメールで済まそうとは思わないまでも、かといってわざわざ年賀はがきを買うのも億劫《おっくう》で、上司への大切な年始の挨拶を怠っている方は案外多いようです。

これは、仕える部下としてあってはならない行為と言わざるをえません。上司への忠誠をアピールする絶好のチャンスを逃しているのです。

思い出してみてください。

小学生の頃、思いも寄らなかった異性の友達から年賀状をもらった時、嬉《うれ》しくなかったですか？「もしかしたら、あいつ俺のこと好きなんじゃないか」と、学校が始まるのが楽しみになったりしたものです。それほど自筆の文章には、人の心を動かす力があります。ケータイやパソコンに向かって文字を打つより手間がかかりますから、当然のことです。

上司にだって、そのあなたがかけた手間は必ず伝わります。どんなに大人になっても、人間なんて本質的には何も変わらないのです。受け取った上司がどれほど心を弾ませることか。

したがって、書く以上は、「明けましておめでとうございます」「謹賀新年」といった定型文に、必ず一言加えるべきです。それも当たり障りのない内容ではなくて、あなた特有の仕事に関係した文章がいいでしょう。

「例のプロジェクト、全身全霊を捧《ささ》げて取り組みますので、ご指導のほどよろしくお願いいたします」

「部長の力をお借りして、今年は目標達成率105パーセントを目指します」

「課長と一緒にお仕事させてもらうようになって、丸2年。今年も変わらずついていきます」

といった感じでしょうか。少々歯の浮いてしまうような内容でも、問題ありません。

年が明けて、受け取る側も格別な心境に浸っているはずですから、必ずあなたの綴《つづ》った文章は強い印象を残すことになります。「なんだよ、こいつお世辞使いやがって」なんて穿《うが》った捉《とら》え方をされることもありません。むしろ、「こいつ、かわいいだろう」なんて家族に見せびらかす可能性は大です。

一方で、年賀状を出さなかった場合のマイナス面は計り知れません。何度も書きますが、上司は日頃より部下からどう思われているかが気になって仕方ないのです。この感情だけは年が改まっても、変化することはありません。おそらく、部下の誰から届いて、誰から届いていないかは念入りにチェックしているはずです。そんな時、あなたから届いていないことに気がついたらどう思うでしょう。

「嫌われているんじゃないか……」という疑念が浮かび、おせち料理と一緒にお酒が進むにつれて、痺《しび》れてきた頭のなかで憎悪に変わるやもしれません。少なくとも「俺に年賀状を出さなかった奴」とのレッテルを貼られ、今後の関係に影を落とすことでしょう。

たかが年賀状でそんな大袈裟《おおげさ》な……と感じる方も多いと思います。でも子供の頃、年賀状をくれた人に特別な感情を抱いたように、くれなかった人には「なんだよ、あいつ。もう友達じゃない」なんて心中で悪態をついたりしたはずです。

外見はどんなに年老いても、心ばかりは大して成長なんてしないものです。嬉しかったり、悲しかったり、腹が立つ事象にそれほど変わりはありません。

それればかりか、年々、人は執念深くなります。残された人生を有意義に過ごしたいという願望が強くなるためか、なかなか許す気にもなれず、いつまでも根に持ってしまうのです。したがって、たかが年賀状で失った信頼は、取り戻すのに相当な労力が必要になります。

であれば、出しておきましょう。たかが、年賀状です。ものの5分もあれば、書き上げられます。

あわせて注意したいのは、できれば元旦に届くようにするべきだということです。

仕事に加えて、忘年会も重なり、何かと忙しい時期だとは思いますが、上司によっては元旦に届かないと、締め切りを守らないルーズな奴なんて思う人がいるようです。とくに普段から仕事でそんな印象を持たれている人は、その意を強くされる結果になりますし、逆にきっちり元旦に届けけば、ネガティブな評価を覆せるやもしれません。

何も年始から、つまずくことはないのです。12月にある休日のわずかな時間を使って、上司には必ず年賀状を出しましょう。

③ 上司には飲みに誘う理由がある

近頃、会社の同僚、とりわけ上司とは飲みたがらない若手社員が増えていると聞きます。仕事とプライベートはきっちり分けることを志向する欧米的な発想が蔓延《まんえん》した結果でしょう。

一方でコンプライアンス厳守が叫ばれるようになって、上司側も部下を誘いづらくなりました。

「今晩あたり、どうだ？」

「たまには、付き合えよ」

悪気なく誘ったとしても、部下が受け取った印象次第では、パワハラと認定される可能性があるので仕方ありません。結果、嘗てのように上司と部下が一緒にお酒を酌み交わす機会は滅法少なくなりました。歓送迎会や忘年会以外では、まず上司とは飲まないなんて方も多いと思います。

個人的には歓迎しない、残念な傾向です。こんなことでは、日本企業に確実に存在していた家族的な雰囲気が、いつかは消滅してしまいます。やはり日本人にはウェットな人間関係の方が馴染《なじ》みやすいと思うのですが、いかがでしょう。

さて、そんななか、上司から「来週、再来週あたり、どこか夜空いてないか」と声をかけられたら皆さんはどうしますか。もちろん、当日に誘われたりしたら予定だってあるでしょうし、断ることもやむなしですが、気を遣った上司が2週間もの余裕を与えてくれたこの場合、もう断る理由はないはずです。

前述しましたように、この一言をかけるために上司には相当な覚悟が必要でした。もしかするとあなたには、普段通りの横柄な物言いに聞こえたかもしれませんが、彼らが持てる勇気を振り絞ったことは間違いありません。内心、「断られたら、どうしよう」「ヘルプラインに電話でもされたら……」なんてネガティブな不安が駆け巡っていたはずです。

決して大袈裟ではなく、事と場合によっては、これまでコツコツと積み上げてきた努力が水の泡になってしまう危険だってあるわけですから。

そんなリスクを背負ってまで飲みに誘うのには、彼らなりの理由がちゃんと存在することをまず理解すべきです。

おそらくは、保身のためでしょう。さらに上の上司から、「おまえ、ちゃんと下を育てなきゃだめだぞ」と言われたとか、あなたが他の部署の部長と親しげに話しているのをたまたま目撃して、なんとなく身の危険を感じたとか……。

いずれもあなたにとってはくだらない理由ですが、上司にとっては一大事です。

それらを理解した上で、上司の勇気に敬意を払ってあげるべきだと筆者は考えます。

自然に「ありがとうございます」なんて言えたら最高です。その言葉一つで、上司がどれほど心癒されることか。当然、あなたへの親近感が湧くことは間違いありません。

さて、当日の行動についてですが、基本的に上司の意向にすべて委ねましょう。

たとえばお店の選定に関しても、自身の希望を口にしてはいけません。気を利かせて自分の馴染みの店を選定しておくとか、食べログを見て、事前に予約を入れておくなんて行為は言語道断。「何食べたい？」と聞かれたとしても、「なんでもいいです。お任せします」と答えるべきです。予約まで入れないにしても、上司の頭のなかには思い描いた当日のスケジュールがちゃんと存在するからです。

一次会の店、二次会に行く場合はその店、おそらくそれぞれの店で過ごす時間も計算されているでしょう。もちろん自身の財布の中身と相談しながらです。

あなたを飲みに誘うことに明確な目的があるわけですから、当然です。どのタイミングでなんの話をして、最終的にあなたから何を引き出すかをシミュレーションしているわけで、その際のシチュエーションは殊の外重要ですから。

ことアフター5に関して、大概の上司は、とくに年齢が上がれば上がるほど臨機応変な行動を取るのが苦手であることを理解してあげてください。

そして店に行ったら、徹底的にその店を褒めてあげましょう。席に着いたら「雰囲気いいですね」、料理を口にしたら「美味《うま》い！」。これで高揚しない上司はいません。

何やら露骨なゴマすりのようで、抵抗のある方も多いかもしれませんが、ここは人助けだと思ってください。目の前の上司は、藁《わら》にもすがるような思いで、あなたを誘っているのです。

会社で居心地のいい場所を確保するために、この程度の努力を惜しんではいけません。

なお、上司からふられる話の応対については、基本的には相槌《あいづち》を駆使して、聞き上手に徹してください。

もちろんその話に納得できるのであれば、その意向を明確に示すべきですが、万が一「違うな」と思っても口を挟むことなく聞き流してしまいましょう。

この期に及んで、彼らの気分をいたずらに害することは得策ではないことくらい、おわかりのはず。切羽詰まっている上司をさらに追い込むこともありません。

苦痛かもしれませんが、上司の夜は早いものです。長くてもせいぜい3時間程度の辛抱です。

それさえ耐えれば、その後しばらくは、上司からのストレスのない空間が提供されることになります。

④ 上司を義理の父親だと思え

仕事以外のフィールドにおける上司との距離間は、どの程度が適切でしょうか。

これはなかなか難しい問題です。仕事に関しては、すべて報告する義務があることは理解しながらも、プライベートをどこまでさらけ出すかは、意見の分かれるところだと思います。

公私をきっちりと分けたいと思っている方は、必要以上の情報は上司に入れたくないと考えるでしょう。しかし、それでは上司との人間関係に往々にして悩むことになります。

なぜ悩むのか？

それは上司が何を考えているのかわからないからじゃありませんか？

多くの会社員はほぼ例外なく、常日頃から上司の心中についてあれこれと詮索します。時にその顔色を窺いながら、またある時は同僚や部下から様々な情報を収集しながら、彼らの志向、ひいては自分についてどう考えているかを理解しようと努めるのです。

ところが人間というものは、間接的な情報を元に相手の気持ちを推し量ろうとすると、大概の場合見誤ってしまい、その関係は悪化の一途を辿《たど》る傾向にあります。基本的には誰だって、自分がいちばんかわいいわけですが、とどのつまりは「他人は皆、敵」という意識が潜在しているからでしょう。

その結果、上司の言動をすべてネガティブに捉えてしまうことになります。

「今、皆の前で言ったことは、暗に俺のことを批判しているんじゃないか」

「この時期に人事部長と話しているのは俺の異動のことじゃないか」

彼らは、最終的な人事権までは持たない場合でも、少なからずあなたの将来に影響を及ぼす存在ですから、こうなるともう気が気ではありません。

最近、心の病で戦列を離れる社員がどの企業においても急増していますが、多くの事例では、あらぬ妄想が原因のようです。

「あの人は俺を貶《おとし》めようとしている」という被害者意識がきっかけで、どんどん負のスパイラルに陥っていくのでしょう。

さて、ここで念頭に置いておいてほしいのは、上司だってあなたの心中を知りたがっているという事実です。

会社における上司と部下の関係は明らかに様変わりしました。コンプライアンス厳守の広がりによって、部下も上司と同様の権利を得たのです。ここでいう権利とは、上司の今後を左右する権利であることは言うまでもありません。組合やヘルプラインのような第三者機関を利用することによって、部下が上司のポジションをいとも簡単に脅かすことが可能になったのです。

ひと昔前までは、出世を志向する人は上だけを見て歩いていればよかったわけですが、今となっては、下もフォローしないと、いつ部下の裏切りによって転落の憂き目に遭うかもしれないのです。したがって、上司だってあなたが自分のことをどう思っているかを、知りたくて仕方がありません。

お互いの心中を知りたがっている者同士、意地を張っていても仕方ないと思いませんか？上司にはプライドがあります。長い間、会社で身を粉にして仕事をし、コツコツと積み上げてきたものがあるという自負です。

ここは一つ部下のあなたが大人になって、歩み寄ってみてはいかがでしょう。この歩み寄りは必ず、あなたの会社生活において、心地好い環境を提供してくれる結果となります。あなたが心を開けば、相手だって必ず開いてくれるのです。

それには、あなたが日頃から何を志向し、会社を出た後はどんな暮らしをしているかについて、上司に把握していると思わせるに限ります。

ちょうどあなたと義理の父親の関係に似ているかもしれません。大事な娘を預っている手前、気を遣いながら、なんとかその両親を安心させてあげようと日頃から努めて振る舞っているはずです。

そのためには、多少話を盛りながら、プライベートをどんどんさらけ出しているでしょう。

子供の成績が近頃いいだとか、奥さんの手料理が美味いだとか、この前家族で旅行に行っただとか……。その都度、義理の両親は満足気にあなたの話に聞き入っているはずです。上司だって同じようなものです。

プライベートの状況は、あなたの人となりを明確に映し出します。その、あなたワールドを上司に知ってもらうことが、どれだけ上司を安心させることになるか。「こいつは俺のことを裏切らない」と思わせる、いちばんの近道といえるでしょう。

ちなみに、プライベートのなかで最も重要なトピックは、結婚（離婚）、妻の妊娠、出産などです。これらの家庭の一大事が、他人から上司の耳に入ることは絶対に避けなければなりません。

ここでミスを犯した場合、上司からの信頼を決定的に失うことになります。

上司は、部下の言動、近況について、「知らなかった」ことを最も嫌う生き物です。「え、課長、知らなかったんですか？」などと言われるのは、万死に値する赤っ恥なのです。

まずあなたの身に何か起きたら、即座に上司に報告する癖をつけてください。同僚や、人事部員はもちろん二の次です。

さあ、些細《ささい》なことからどんどん上司にプライベートをぶちまけていきましょう。そうすれば、不思議と上司の志向も理解できるようになって、自然と会社のなかで居心地のいい場所があなたに確保されることになります。

5 抱えている弱みを共有すれば強みに変わる

抱えている悩みを自身の力だけで解決するには限界があります。とりわけ社会人になって、しがらみも多くなる一方、公私共にやらなければならないことも増えるなか、個人の力だけではどうにもならないことが数多く存在するのです。

一人で悩んでいても埒《らち》があきません。積極的に誰かに打ち明けるべきです。

他人と問題を共有することで、解決しないまでも、少なからず現状は打開されます。話しているうちに、意外に大したことではないと気づかされたり、相談した相手から励まされるだけでも不思議と心は軽くなるものです。同時に、人に弱みを見せることは、心中に存在する見栄やプライドを取っ払うことにつながります。これだけで、どれほど開き直れることか。悩みを打ち明けることは、自身の力のなさを告白することですから、のしかかっていたプライドという重しが自然と取り除かれるのです。

ではその悩みを、誰と共有するのが得策でしょうか。

ずばり、上司です。

もちろん既婚の方は奥さんに相談する手もありますが、多くの場合、既に弱みを見せられるような関係にはなっていません。次に思い浮かぶのは、社外の友人や、会社の同僚でしょうが、それなら上司の方がはるかに意味があります。少なくともあなたの生活の半分を共に過ごしている相手である上に、経験とパワーを兼ね備えているので、解決の糸口を見出してくれる可能性は大です。

そして何より、あなたの今後の待遇に好影響をもたらしてくれます。

相談された上司の身になって考えてみてください。

悩みの内容にかかわらず、まず自分に打ち明けてくれたことに喜びを感じるに違いありません。

何度でも書きますが、上司は部下からの愛に飢えているからです。頼りにされたくて仕方ないのです。

プレイヤーとしての役割を奪われ、管理する側に回りながら、部下から相手にされない状況ほど切ないものはありません。上司は部下からの「ちょっと、いいですか」の一言を心待ちにしているのです。

秘め事を共有することを、どれほど待ち望んでいることか。もちろんここぞとばかりに、あなたの力になろうと努めます。あらゆる手立てを講じて、コネを駆使して、あなたをその悩みから救い出そうとし、守ろうとするでしょう。

当然そこには、人事的な処遇も含まれることになります。

以前、友人からこんな話を聞いたことがあります。某大手広告代理店で、実際にあった話です。

東京から大阪への転勤が内定していたA氏でしたが、ちょうどその頃付き合っていた彼女が、A氏と突如言い寄ってきた別の男を天秤にかけ、どちらと結婚しようかと迷っていたそうです。彼女は東京以外で暮らした経験がなく、A氏の転勤に心が揺らいでしまったのです。

切羽詰まったA氏は直属の部長にすべてを打ち明け、その部長の尽力により、大阪への転勤は取り消されることとなりました。部長が、どんな言い訳を持って人事と交渉したかは定かではありませんが、結果A氏は無事にその彼女とゴールインすることになったのです。当然、A氏と部長の間には強い絆《きずな》が生まれました。その後、部長はトントン拍子に出世を続けており、それにつれてA氏も順風満帆なサラリーマン生活を送っているそうです。

自身を振り返ればわかることとは思いますが、子供が成長していくにつれて家庭内における男の役割はどんどん減少していきます。子供の進路、妻の言動に口を出したいのは山々なのに、どうせ相手にされないと苦々しい気持ちで見ているしかないのです。

まさに「亭主元気で留守がいい」状態。

こうなると、会社で出世街道に乗っている方はそこに生きがいを見出していることでしょうが、そうでない多くの方は人生の指針を失ってしまいます。

とくに、40代以降の人にその傾向は顕著でしょう。

会社での出世はない。

家では、誰も頼りにしてくれない。

こんな絶望的な状況のなか、上司は誰かが助けを求めてくれるのを心の底から待っているのです。自身の存在意義を問いながら……。

言葉は悪いですが、そんな心中につけ込まない手はありません。

弱みが強みに変わるのですから、こんな絶好の機会はないのです。

悩んだら、まずは上司。

うまくいかなかったら、即上司。

問題が解決するばかりか、その後の会社生活にも確実にプラスに作用するのですから、まさに一挙両得です。

6 他部署に足を踏み入れる時は上司同伴で

会社は組織で仕事を進めていきますから、他部署との緻密な連携が求められることは言うまでもありません。たとえばメーカーなら、研究所、商品開発、工場、物流、広告、営業等の各セクションが同じベクトルで、その知力を結集してこそ、ヒット商品は生まれるのです。

ところが厄介なことに、それぞれの部署には会社の発展を願う真っ当な思いとは別の、退《の》っ引《ぴ》きならない思惑が存在します。長である部長の事情といった方が正確でしょうか。それらを鑑みずに、純粋に会社のために良かれと思う基準だけで業務に勤しんでいると、思わぬ地雷を踏んでしまうことになりかねません。

多くの部長の関心事は、もっぱら人事です。

彼らはプレイヤーとしての役割よりも、人をマネージメントし実績を上げる能力を問われていますから、当たり前です。どんな人材をどこに配置すれば、自身の部署の仕事がうまく回るかについて、常に頭を悩ませています。もちろん、このことだけにご執心であれば歓迎すべきことなのですが、部下として悩ましいのは、同時に、彼らには自身の今後の人事処遇についても思うところがあるということです。

部長といえば、多くの会社では取締役の座が射程距離に入ったポジションです。とくに大企業の若手社員にはいまいちピンとこないかもしれませんが、会社員にとって取締役は憧れであり、特別な地位です。雇われる側から、雇う側に立場が変わるのですから、当然でしょう。その待遇も激的に変化し、移動はグリーン車になり、飛行機はビジネスクラスに、株主総会の際は壇上に席が用意されることになります。

とある上場企業の取締役の方に聞いたお話ですが、初めて新幹線のグリーン車に乗った際、人知れず感慨が押し寄せてきて、新大阪で下車しなければならないところを、岡山まで乗り過ごしてしまったそうです。「俺もここまできたんだなあ……」と思うと、ビールがつい進んで、うとうとしてしまったんだとか。なんとも微笑ましいエピソードです。

そんな取締役の座が目前なのですから、部長の心は平穏であるはずがありません。せっかくここまで積み重ねてきた努力が実を結ぶかどうかの、まさに正念場なのです。

したがって会社員のなかで、どうすれば上に上がれるかについて、いちばん熱心に考えているのが部長だといっても過言ではないのです。

そして、その情熱が目前の仕事に100パーセント注ぎ込まれるのであればいいのですが、残念ながら、違います。

どうしても上に上がりたいと思うがゆえに、他人を蹴落《けお》とすことに関心がいってしまうのです。必然的に他部署の部長の動きを注意深く見守ることになります。

そのポイントは、手柄を自分だけのモノにしようとしていないか。失敗を他部署に押し付けようとしていないか。この2点です。

当然、部下にも、同じ視点を持って、仕事することを求めてしまいます。ただ純粋にヒット商品を作ろうという発想は認められないのです。

そう考えると、他部署との連携については慎重にならざるをえません。他部署の部長だって同じ思惑で臨んできていますから、同じ釜の飯を食っている社員同士で腹の探り合いをすることとなります。

重荷に思う方も多いでしょう。その言動次第で、部長の今後が決まってしまうのですから、部下として責任は重大です。

ここで失敗しないためには、他部署と重要な打ち合わせをする時は、必ず上司を同席させるしかありません。そこであなたの思うように発言すればいいのです。間違っても一人で乗り込んでいって、あれこれ物事を決めてはいけません。結果的に会社にとっては有益な言動であっても、所属する部署にとっては不幸な結果をもたらしてしまうことが往々にしてあるからです。

上司が同席していれば、それらを未然に防ぐことができます。部長自ら出席していれば、自身の意に沿うような方向に持っていくでしょうし、課長が出席していた場合、その決定は課長の責任になります。したがって万一の場合でも、あなたはその責任から逃れられることになるのです。

社内で居心地のいい場所を作るためには、直属の部長から目を付けられている場合ではありません。彼らは、伝家の宝刀「人事権」を持っているので、マイナスのイメージを持たれることは絶対に避ける必要があります。そのためには、彼らの進みたい道を邪魔することがあってはなりません。それがたとえ会社に不利益な言動であったとしてもです。

⑦ いつ何時、どこにいても電話には出る

某CM制作会社プロデューサーとは、かれこれ10年の付き合いになりますが、こちらから電話をしてつながらなかった例《ため》しがありません。深夜だろうと、早朝だろうと、いつ何時電話をしても「はい、○○です」と変わらぬ調子で電話に出るのです。

一度機会があって、彼に尋ねたことがあります。

「○○さんって、絶対に電話に出てくれますよね」

彼は平然と答えました。

「一緒にお仕事させてもらっている方からの電話は必ず出るようにしてるんです」

とはいえ、打ち合わせ中だったり、圏外の場所にいたりすることもあるわけで、根掘り葉掘り聞くうちに判明したのが、彼の家が会社から徒歩5分の位置にあるということでした。

「だって、地下鉄に乗ってる時に、電話がかかってくる可能性だってあるじゃないですか」

「でも、家賃高いでしょう」

「高いですけど、仕方ないですよ。そのかわりおかげ様で、皆さんからかわいがっていただいてますから」

さらりと言われて、思わず目が点になってしまいました。

そんな彼ですから、優秀なプロデューサーとして業界では知らない人はいないほどで、かく言う筆者も、絶大な信頼を寄せています。

仕事をする機会はみるみる増えていき、映像絡みの仕事で困った時には、いつの頃からか、必ず彼の顔が浮かぶようになりました。

考えてみれば、インターネットが普及した昨今、それほど緊急を要さない場合は、連絡手段としてケータイやパソコンのメールを利用することがほとんどです。逆に言えば、電話を使用する場合は急ぎの用件ということになります。

電話をする側からすれば、ピンチの時、必ずつながる相手にはやっぱり救われます。窮地に陥った際はもちろんですし、文句を言いたい時でもすぐに吐き出さなければ、時間の経過と共にその怒りは大きくなる一方ですから。

したがって、会社員であるなら、上司からの電話はどんな状況下にあっても出るべきなのです。「どうせ、会社に戻るんだし、後でいいや」なんて安易に考えては絶対にいけません。

得意先との商談中でも、はたまた社内会議の真っ最中でも。

なにせ、上司は急いでいるのですから。

そもそも上司なんて自分の掌《てのひら》の上で転がっている部下を好むに決まっています。自身の思い通りになる部下、と言った方が正確でしょうか。

したがって、すぐにつかまらない部下には、どうしたって苛立つものです。

「どこで油売ってるんだ」に始まって、それが何度も続くようだと、「俺に黙って、何か良からぬことでもしているのではないか」と疑念が広がっていくのです。

こうなると、あなたの行動は常に疑いの目で見られ、その信頼関係は、やがて崩壊する危機に直面してしまいます。たかが、電話に出なかったことくらいでと考える方もいらっしゃるでしょうが、別の章でも触れていますように、上司はそもそも部下を疑いの目で見る生き物ですから、仕方ありません。

既婚の方は独身時代の恋愛を、未婚の場合は今の彼女とのことを振り返ってみてください。

相手が電話に出ないと、「何やってんだよ」と多少ながらも苛立ちますよね。それは彼女が自分の思う通りになると思っているからです。そして、それが幾度も重なると、「どこかで浮気でもしてるんじゃないか」と良からぬ妄想が頭のなかで広がるはず。

どうです？　電話に出てもらえない上司の気持ちが、少しは理解できましたか？

逆にいつ何時であろうと、上司からの電話に出ることを欠かさないでいると、彼らからの厚い信頼を勝ち得ることになります。

いつだってつかまる奴は、やっぱりかわいいのです。こっちには全然その気がなくても、自分を慕ってくれていると勝手に勘違いするのでしょう。

たかが電話、されど電話なのです。

思い浮かぶ、電話に出られない状況といえば電車かバスに乗っている時くらいでしょうか。こんな時に掛かってきたら、次の駅もしくは停留所で降りて、すぐにコールバックしてください。

何度も言うようですが、電話をした上司は急用を抱えています。あなたが席に戻ってくるのも待ちきれないくらいに、です。人間、年を重ねるごとに、どんどん気は短くなっていきます。

怒られるとわかっていても、面倒くさいなと思っても、いつもと変わらぬ調子で彼らの不安や疑問、はたまた怒りと向き合ってあげましょう。

その見返りは、あなたの想像以上です。

8 決められないのではなく、「決めない」のだ

政治が国民からその信頼を失って、ずいぶんと長い時間が経過しています。本気で日本をなんとかしようと考えている政治家は少なく、多くが自身の利益のために行動しているんだと事あるごとに見せつけられてしまっては、致し方ありません。

とりわけ昨今クローズアップされているのが「決められない政治」。消費税値上げはなんだかんだと理由をつけてとっとと決めたくせに、自分たちの腹を痛めることに関しては先に進めようとしない現状に、国民は怒りを通りこし、呆れ果ててしまいました。

そんな政治にマスコミは容赦なくバッシングを続けています。まるで親の敵でもとるような勢いで、権力を握った人たちへの攻撃の手を緩めようとしません。

もちろん彼らの存在がなければ、政治家たちが一層傍若無人な振る舞いをしかねないことは理解しています。そんなことを許してしまえば、嘗てのヒトラーのような独裁者が、出現するやもしれません。

でも一方で、正論を主張し続けるマスコミに対して、どこか違和感を抱いてしまうのは筆者だけでしょうか。そんなに他人の揚げ足ばかりとって、あなたはどうなのよ、と言いたくなる

のです。

「ありえない」「けしからん」と叫び、国民感情を執拗《しつよう》に煽《あお》るマスコミ人とて、多くは会社員。会社に帰れば、きっとありがちな出世競争を繰り広げているに違いありません。

足の引っ張り合いはしているでしょうし、自身に災難が降り掛かってくるとあらば、見て見ぬふりをすることだってあるでしょう。

マスコミ人だって生活がかかっています。家族だっているでしょうし、少しでもいい暮らしをしたいに違いありません。

人間、どんなに壮大な理想を語ろうが、詰まるところいちばんの興味は、自身の人生をいかに豊かにするか、この一点に尽きると思います。世知辛い話ですが。

つまり、彼らだって、会社のなかでは自身に都合のいいように決定を先延ばしにする、言わば「決められない」行為の片棒を担いでいるのです。

もちろん一般企業とて同じです。

某鉄鋼メーカーの経営企画室に勤務する友人から聞いた話なのですが、経営計画を策定する際、5年から10年後を見据えて決定される長期経営計画については、中短期と比較すると、明らかに管理職社員の真剣味が欠けるそうです。

もちろん誰だって目先のことに最大の興味が湧くのは仕方ありませんが、とりわけ50代以上の部長、役員クラスの興味のなさっぷりは目に余るものがあるんだとか。

いきなりできもしないような無責任な発言が飛び出したり、あからさまに非協力的な態度をとるケースもあるようです。

わかりやすいですよね。

「企業は未来永劫《えいごう》発展しなければならない」なんて口では言っておいて、内心は「自分がいる間だけ良ければそれでいい」と思っているに違いありません。

では、そんな上司に対して、部下はどんな態度をとるべきなのでしょう。

たとえ部下であるあなたが正しい場合でも、静観するのが上策だと思います。

上司だってバカじゃありません。

自分が間違っていることは、頭ではわかっているのです。それでも、自身の利益を考えた時に、二の足を踏んでしまったり、「どうでもいいよ」と先延ばしにしてしまったりするのです。

そんな時、部下からあれこれ言われたら、どう思うでしょう。

反論すればするほど、隠しておきたい内心が浮き彫りになる可能性があるわけで、普段にも増して腹立たしい気持ちに苛まれるに違いありません。頭で理解していることを他人からあえて言われることほど、癪《しゃく》に障ることはないのです。

学生時代、試験を翌日に控えて、勉強しなければならないことをわかっていながら、それでもテレビをつい観てしまっている時に、母親から「勉強しなさい」と叱責されたら、どう思いました？

むかついたはずです。わかってるからほっといてくれと、敵意がむき出しになったはずです。上司とて同じ。ましてや、相手は部下ですから、その苛立ちは母親に対するそれと比較になりません。

そのまま見て見ぬふりをして会社は大丈夫か？ と不安に思う方もいらっしゃるでしょう。この場合、部下の言い分の方が、会社にとっては進むべき道であり、正論なのですから。

心配は無用です。

母親の指摘に苛立ちながらも、結局は机に向かったでしょう。明日の試験で恥をかくのは自分ですから、なんだかんだといいながら、勉強したはずです。

上司だって「さすがにこれはまずいな」というタイミングになれば、ちゃんと行動に移してくれます。それを気長に待ちましょう。決定するまでのスピードは確かに鈍りますが、それより、急かすことで上司との関係がぎくしゃくする方が、部下のあなたにとってはよほどマイナスなのです。

9 上司を隠れ蓑《みの》にして、美味《おい》しい思いは存分に

会社の業績に、社員一人が貢献できることなんて本当に微々たるものだと、日頃から自覚することは大切です。

どんなに仕事が順調に進んでいても、思い上がりは禁物。自分だけの力で、事が進んでいるわけではないのです。会社に属しているという、肩書きがあってのあなた。看板を背負っているからこそのあなた。一人の力だけではどうにもならないんだという謙虚な姿勢を忘れてはいけません。それこそが、会社に長くいるための気構えです。

油断してはならないのは取引先と対峙する時、とりわけあなたが発注側である場合でしょう。そもそも彼らはオクビにも出しませんが、結局はあなたではなく、その背後に存在している会社を見据えています。

「○○さんになって、本当にスムーズに仕事が進むようになりましたよ」

「○○さんあっての、私どもですから」

そんな美辞麗句を並べられても、決して鵜呑《うの》みにしてはならないのです。以前の担当者にも同じセリフを必ず口にしているはずですから。

概して社内の人間が見ていないのをいいことに、取引先の前では気持ちが緩みがちになります。ついつい「決めているのは俺だから」とほのめかしたくなったり、「俺だけ見てればいいから」的な発言が口をついて出そうになります。

そこはぐっと堪《こら》えてください。どんなに虚勢を張ったところで、彼らがそれになびくことはないのです。

彼らが望んでいるのは会社同士の末永いお付き合い。たとえあなたに取り入ったとしても、あなたの背後に見える会社に見切られてしまっては元も子もありません。あなたは、「いつかは人事異動でいなくなってしまう人」としか見られていないのです。

とはいえ、仕事を円滑に進めていくためには、彼らと友好な関係を維持することは大切です。あまりに堅物な振る舞いに終始すれば、相手だって構えてしまい、実務に支障をきたすことだってあります。

当然、夜の付き合いが必要となる場合だってあるでしょう。

取引先が夜の宴に誘ってくることには、大きく二つの目的があります。

一つはあなたと親密な関係を築くこと。関係者の目の届かないところで、昼間だけだとなかなか埋まらない距離を埋めようとします。いざという時に、無理を聞いてもらえるようになることが最終目標です。

もう一つは、あなたの会社の人間関係、あるいはパワーバランスを探ること。現状、並びに今後において、どの人間をキーマンに据えるかは取引をしていく上で、最も重要な問題。その正確な情報を獲得するためには、夜の宴が最適な手段です。人事情報に関して社内の人間より先に外部の人間が知っていることがままありますが、これなど、彼らの努力の賜物に他なりません。

取引先は酒の力、女性の力を借りて、なんとかあなたの本音を引き出そうと、アプローチしてくることでしょう。酔ったフリをして、普段は聞けないような質問もずけずけとぶつけてきます。「今日は無礼講で行きましょうよ」なんて言って、巧みにあなたの心情を揺さぶってくるのです。

これらある種の罠《わな》にひっかからず、かわしていくには相応のテクニックが必要です。夜の宴に付き合ったくらいで貸し借りを作ったり、貴重な情報を提供している場合ではないのです。とくに後者は、下手をすれば、あなたの身に危険が降り掛かってくることにもつながりかねません。

前述しましたように取引先はあらゆるルートから接触を試みていますから、たとえば人事にあなたの発言が意図していない意味合いで伝わり、結果被害を被ることもあるわけです。

それらを防ぎ、かつ取引先との夜の宴を嫌味なく済ますことのできる、お薦めの方法が一つあります。それは直属の上司を同席させることです。

とくに支払いが向こう持ちと想定される場合は、様々な意味で有効です。

まず、誘われた上司が悪い気がしないということ。

部下から頼りにされていることを実感する上に、陰でこそこそと美味しい思いにありつこうとしていない姿勢に好感を持つに違いありません。あわせて、夜の席を好む上司なら、人の金で飲めるとあらば単純に嬉しいでしょう。

一方、誘った取引先も、あなたに声を掛けて上司が出てきたとあらば、二人の関係が良好で一枚岩だと感じるはずです。これは担当者としての存在感を取引先に対して誇示することにつながり、今後の仕事に必ずプラスの効果をもたらします。しでかしてしまったミスや不手際が即座に上に報告されることを想像し、より緊張感を持ってあなたに対峙するようになるからです。

そして何より、上司が同席しているのであれば、なんの気兼ねもなく正々堂々と美味しい思いにありつくことができます。

先方から繰り出される質問は上司に向けられるので、気遣いは無用。

普段は食べられない豪華な食事に舌鼓を打つことにも、お目にかかれないような美しい女性にやさしくされることにも、後ろめたさなんて感じる必要はありません。上司が同席していますから、彼も同罪なのです。

さあ、上司を隠れ蓑にして取引先との宴を大いに楽しみましょう。一石二鳥、いや、三鳥、四鳥です。

10 上司に知らせるべき事案のプライオリティを考えてみる

「上司へのホウレンソウは欠かすな」とは昔からよく言われることです。

言わずもがなですが、ホウレンソウとは「報告」「連絡」「相談」を指します。

組織の運営上、プレイヤーの立場で働く身として、上司であるマネージャーと諸々の情報を共有することは義務と言えます。何か事が起きた時に、上司が知らなかったでは済まされません。最終的に責任をとるのは、あなたではなく、上司ですから。

ただし「相談」に関しては、なんでもかんでもすればいいかといえば、それは違います。できれば上司の手をわずらわせないに限るのです。

お互い忙しい身ですし、何よりそうでなくてはあなたが社員である意味がありません。バイトやパートの方よりも厚遇されているわけですから、ある程度の問題は上司の身になって、きちんと解決した後に報告するのが、正しい部下のあり方です。上司の信頼を得る、すなわちあなたが会社で居心地のいい場所を作るチャンスですから、そんな機会を逃す手はありません。

さて、ではここで問題です。

あなたが、ある消費財メーカーに勤務していると仮定し、以下の三つのクレームがほぼ同時に舞い込んできた場合、真っ先に上司へ伝達し、指示を仰がなければならないのはどれでしょうか。

①お客様からクレームが入った。
②取引先からクレームが入った。
③社内の他部署からクレームが入った。

いずれも上司が知っておかなければならない問題ですが、これに優先順位をつけよということです。

さあ上司の身になって考えてみましょう。彼らの立場に立って、どの事態が最も緊急を要するのかを考えるのです。

答えは③です。というのも③のケースのみ、成り行き次第では上司だけが責任をとらされてしまう可能性が高いからです。この「上司だけ」が重要です。

①に関して言うと、もちろん対応を間違えれば社を揺るがす大問題に発展してしまう可能性

はあります。ネット社会が発展し、個人がメディアを所有してしまった今、彼らを軽視したために一層の危機に直面させられた例は列挙すればきりがありません。

ただし、万一の場合でも、その責任は会社全体がとらされることになります。お客様だって、個人を吊《つ》るし上げるために、クレームを入れているわけではありません。その矛先はあくまで会社に向けられているのです。

したがって、会社は一丸となって、対応することになります。つまり、あなたの上司だけがクローズアップされて、責任をとらされることにはならない場合が多いのです。

まずはあなた自身でお客様に真摯に対応を試みて、その後どうにもならないと判断したら上司に報告を入れましょう。

次に②ですが、この責任の所在は、あなたの上司ということになるものの、その事実が社内に認知されるまでには多少の時間を要します。この時間を利用して、まずは部下であるあなたが取引先と対峙するべきです。その後、明らかにあなたの会社に非があったと認められた場合に、上司の出番ということになります。

したがって答えは③。

反論のある方がいらっしゃるのは承知です。

「メーカーなんだから、まずは消費者のクレームに対応すべきだ」

「モノを作る会社が、協力会社への礼儀を欠いてどうする」

いずれも正論ですが、本書は企業活動を円滑に進めるためのノウハウでなく、いかにすれば定年まで、もしくは会社がなくなるまで、居心地のいい場所を作れるかについて論じていることをお忘れなく。

さて③の場合、もし、あなたが原因でのクレームだとしたら、上司にはどうしても報告しにくいものです。つい二の足を踏んでしまう気持ちもわかります。ただ如何《いかん》せん社内ですから、いずればばれます。

加えて運悪く、その他部署の長が、あなたの上司のライバルだったりすると、もう最悪です。足を引っ張る材料に使われることは、まず間違いありません。クレームを入れる前にも熟考を重ね、社内的にも根回しをした上で、申し入れてきた可能性は大です。もしかすると、既に社内には周知させた後で、知らぬはあなたの部署だけなんてことになっているかもしれないのです。

こんな一刻を争う状況を、上司の耳に入れないわけにはいきません。

時間の経過と共に、上司が一層ピンチに追いやられることは目に見えています。

深夜だろうが、早朝だろうが、メールではなく、まずは電話でつかまえるべきです。そしてどうすれば上司一人が責任を負うことなく、解決できるかという一点にだけ軸足を置いて、指示を仰いでください。

⑪ 手柄は上司で何が悪い

人は人に支えられて生きています。だからこそ、人に認めてもらいたいのです。仕事がうまくいった時は、誰かに褒めてほしくなります。人知れず、一人で喜びを噛《か》み締めるなんて、とてもじゃないけれど我慢できません。

「おまえのおかげだよ」
「よく頑張ったなあ」
「さすがだね」

こんな言葉を上司や同僚からかけてもらって、初めて仕事の成果を実感するのです。

当然、その成果を他人に横取りされたりしたら、いたたまれない気持ちになります。相手が同僚ならまだしも上司だったりすると、もう完全に裏切られた気持ちに苛まれることでしょう。

「あなた、何もやってないじゃん。やったのは俺じゃん……」

でも忘れてはいけないのは、会社生活は途方もなく長いってことです。

新卒で入社した場合で、約40年。人生の約半分を過ごすのが会社なのです。

この間、順風満帆に成果を出し続けるなんてできるはずがありません。つまらないミスを犯すこともあるでしょうし、マンネリな暮らしからスランプに陥ることだってあるかもしれない。

一方で、一旦社内的に「できる奴」として認知されてしまうと、その後も相応の成果を出し続けることを求められます。

営業でトップの成績だった人はトップであり続けなければいけませんし、ヒット商品を作った人は、次なる優れたアイデアを求められるのです。

このプレッシャーに、皆さんは耐えられますか?

プロ野球では「2年目のジンクス」という言葉があります。相手に研究されてしまうことも原因の一つでしょうが、それにも増して本人が「もっと、いい成績を出さなきゃ」というプレッシャーに押しつぶされてしまうケースが多いと聞きます。

何事も継続することは難しいのです。

また、成果が認められると同僚からは陰で妬まれることになります。ポストや賃金といった実質的な利害が絡んできますから、相当厄介です。

とくに男の嫉妬は面倒くさいものです。ねちっこくて、女々しくて、女性よりもよっぽど質《たち》が悪いのは皆さんもご承知の通りです。「あいつ、業者から金もらってるらしいよ」「得意先の女とやっちゃったんだって」などとありもしない噂《うわさ》を平気でたてたりしますから。

もちろん、人並みはずれた能力と他人からの嫉妬や期待にも臆さない強靭《きょうじん》な精神力を兼ね備えている人は構いません。その都度、自身の実績を誇示した上で他人からの賛辞を求め、我が道を邁進《まいしん》していけばいいと思います。

しかし、そうでない大多数は、たとえ仕事がうまくいってもその手柄は人知れず他人に譲るべきなのです。

とくに若いうちこそ、結果的に、その方が気分的に楽な会社生活を送ることができます。

会社員は所詮は歯車の一つなのですから、思い上がってはいけません。

みんながいたからできたんだと、あくまでも謙虚でいるべきです。

手柄を譲る相手はもちろん上司が適当でしょう。

「俺じゃないよ。部長がやったんだよ」

「俺はちょこっとやっただけで、あれは課長の手柄だよ」

こう言って、社内に吹聴《ふいちょう》して回ればいいのです。

それをどこかで耳にした上司はどう思うでしょう。嬉しいに決まっています。あなたへの信頼を深めることは、まず間違いありません。

同時に、実際にはあなたが成果を上げたのであれば、その後何かで報いなければと思うのが普通でしょう。

少なくとも30代までは、仕事の成果は直属の上司だけに認めてもらえばいいと思います。社内の評価なんて必要ありません。周囲から不必要に妬みを買ったり、妙なプレッシャーに駆られるだけです。

30代までは、どんなに成果を上げたとしても、その見返り、つまりボーナスの額や昇進を決めるのは直属の上司です。社内的に知れ渡ったところで、大した意味はありません。せっかく成し遂げた成果なのに、それをわかっているのは上司だけで、社内にも周知しなくて平気かと心配になる気持ちもわかります。

そう思う方は、あなたの会社の役員の顔を思い浮かべてみてください。その2、3割程度は、「営業でずっとトップだった」「ヒット商品を連発した」といった堂々たる実績を兼ね備えた人でしょうが、あとの大部分は「なんであの人が偉くなったの?」と首を傾げたくなるようなメンバーのはずです。

ではなぜ、彼らは偉くなりえたのか。

それは大きなミスと他人からの嫉妬が比較的少なかったからです。その結果、たまたまポストが空いていて、運良くそこにもぐり込めただけ。大きな成果がなくても、致命的なミスをしたり、足を引っ張られない限り出世することは十分に可能なのです。

さあ、手柄はどんどん上司に渡してください。偉くなれるかは時の運ですが、たとえなれなくても、定年まで平穏な心境で過ごすためには有効な手段です。

⑫「今週いっぱいの仕事」の期限はいつか

「これさあ、今週いっぱいで頼むよ」と期限をつけられて、上司から仕事を頼まれることはよくあることです。

この場合、言葉を額面通りに受け取って、週末あるいは翌月曜日の朝イチにいきなりその成果を報告、提出する人がいますが、これでは残念ながら上司の心情を汲《く》み取っていないと言わざるをえません。

言われた通り、約束をきちんと果たしているにもかかわらずです。なぜか……。

まず理解しなくてはいけないのは、大概の場合、部下に仕事を依頼するのは上司にとってそれなりの勇気が必要だということです。本当は自分でやってしまいたいところをぐっと堪えて、部下に任せています。

「俺がやっちゃった方が、絶対速いよな。でも、やらせてみないと、育たないしなあ」

こんな風に内心では葛藤しているに違いありません。したがって、依頼した後も顔には出しませんが、その進捗状況が気になって仕方ないのです。

「頼んだあれ、どうなってる？　うまくいってる？」

とせっつきたい気持ちを抑えて、あなたの動向を見守っています。

その出来如何では、責任をとるのは自分なのですから、当然です。

とくに他の部署が絡んでいたりしたら、結果次第では社内でやり玉に上げられる可能性もあります。「中間管理職は辛い」と言われる所以《ゆえん》です。

自分でできるのに、部下に任せなければならない。そのくせできなかったら、部下ではなくて自分の責任になるなんて、割が合わないにもほどがあります。

さて次に、定められた期限については、その時点で上司がイメージする通りに仕事が仕上がっていなければならないということを忘れてはいけません。その後に大幅な修正を加えることは許されないということです。

取引先に対してプレゼンテーションする時をイメージしてください。

プレゼン日を指定され、その日になるまで、なんのアプローチもせずに当日を迎える営業マンは失格です。アイデアが出る都度、クライアントに伺いをたて、その意向を確認しながら追加や修正を加え、プレゼン日に最適だと思われるプランを提出するのが常套《じょうとう》手段なのです。

そんな折衝を繰り返すうち、より望まれるプランが出来上がるばかりか、クライアントにも情が生まれてくるでしょうから、与えられた時間を有効に使わない手はありません。

上司に対してだって、同じです。彼らを巻き込んで仕事を進めていくことが、より意向に沿える近道であり、彼らのストレスを少しでも軽減することにもつながります。

巻き込まれる上司は頼りにされていることを実感するでしょうし、あれこれ聞いてくる部下を愛い奴だと思うに違いありません。

よく、上司をあっと言わせてやろうと企む人がいますが、そんなことは端《はな》から上司は望んでいないのです。

それよりも、自身の意向に沿った仕事を確実にこなしてくれる部下を欲しています。しかもスタンドプレイではなくて、上司も含めたチームプレイを試みようとするプレイヤーです。

度々プロ野球を引き合いに出して恐縮ですが、現役中で数いる名選手のなかであてはめてみますと、2012年、見事2000本安打を達成したヤクルトの宮本慎也選手あたりがぴったりでしょうか。

バントで確実にランナーを進めることもできて、チャンスにはタイムリーヒットだって打つ。ホームランの数は少ないですが、その反面、めったに三振はしません。監督の意図する作戦をそつなくこなす姿は、まさに上司が求める部下のあるべき姿と言えるでしょう。

というわけで、上司から期限付きの仕事を依頼されたら、まずその青写真ができた時点で途中経過を報告しましょう。できれば、早ければ、早い方がいいです。かといって、「こいつ、なんにも考えてないな」と思われてしまっては、その後仕事を任せられなくなりますから、よくよく熟考した上で、です。

たとえ任されても、コマメに上司の確認をとること。家庭ではその存在感を失い、何事も奥さん主導で家族の諸問題が解決されていくなか、会社で頼りにされることが上司にとって、どれほどの喜びか。

「課長、例の件なんですけど……」

「部長、言われてた件でちょっと相談したいことがありまして」

こう話しかけられたら、仏頂面を崩さないながらも、内心は嬉しくてたまらないに決まっています。

期限付きの仕事は、その間、上司との関係をより親密にできるチャンスでもあります。普段話しかけたくても、その話題にすら困るところを、どんどん相談して、その機会を増やしていけばいいのですから。その姿はきっと、上司の目には頼もしく映るに違いありません。

半分は自分の力、残りの半分は上司の力で成し遂げる。仕事へのスタンスは、これくらいがちょうどいいのです。

⑬ 上の上を見てはいけない

話を理解しやすくするために、あなたがまだ役職のついていない平社員だと仮定しましょう。日頃の行いの賜物か、直属の上司である課長からの覚えは良好であるとします。日々の仕事のなかで、真摯に期待に応えていった結果、相応の信頼を勝ち得たのです。

そんなある日、突然部長から昼食の誘いを受けます。もちろん快く受け入れ、いそいそと会社近くのうなぎ屋に同行。普段は手の出ないような重の松に舌鼓を打っていたところ、正面に座る部長の背後に、課長の姿を見つけました。

悪気のないあなたは軽く会釈をしますが、課長は一瞬見てはいけないものを見てしまったような顔をして視線を外し、こちらに背を向けて店の隅の席に座ったのです。

さて、この現場を目の当たりにした課長の心境を察してみてください。

「部長に良からぬ告げ口をしているのではないだろうか」

「部長が自分のことについてヒアリングしているのではないだろうか」

「二人きりで食事をするということは、近々どこかにこの俺が飛ばされるということじゃ……」

こんな良からぬ想像ばかりが頭のなかを駆け巡っていることでしょう。普段から胸を張って、「部長とはうまくいってる」などと豪語していたとしてもです。会社員なんてものは皆、内心びくびくしながら日々を過ごしています。

とくに中間管理職にその傾向は顕著です。同僚からも、部下からも、もちろん上司からも信頼されている、平たくいえば好かれている確信なんて、持ちたくても持てません。いつか足を引っ張られるんじゃないかと、気が気ではないのです。これまで散々、醜い人事抗争なども見せつけられてきましたから、仕方ありません。

ついには、あなたへの憎悪にも似た感情も沸々と湧いてきます。

「俺を飛ばして、部長と飯を食べるなんて、どういうことだ」

「あんなに普段からかわいがってやったのに」

「楽しそうに、うなぎなんか食べやがって」

その後、あなたに接する態度に影響が出てくる可能性はあります。部長と二人で飯を食っているところを見ただけなのに、あなたを自分のことを裏切るかもしれない危険分子と見なしたのです。

ではこのケース、どうすればこんな事態を招かずに済んだのでしょうか。

もちろん相手は部長ですから、無下に断るわけにはいきません。

問題は課長を見つけた時の態度にあったのです。

堂々と立ち上がって、「課長」と声を上げるべきでした。何もやましいことなんてないですよ、というアピールです。

つい会釈で済ませてしまったばかりに、予期しない誤解を生んでしまったのです。


この例のように、自身の直上の上司以上の地位にある人間と接する時には、細心の注意を払う必要があります。直上の上司から嫉妬を買う可能性があるからです。

とりわけ、あなたに役職がついていない場合、部長以上の人間から親しげに話しかけられたりする機会はめったにないと思います。したがって、万一そんなチャンスに恵まれたりしたら、つい格好をつけたくなったり、必要以上にはしゃいでしまったりするものです。

でもそんな態度を直上の上司が見ていたら、どう思うでしょう。

「調子にのりやがって」

「おまえの査定をしているのは俺なんだよ」

などと、快くは思わないに決まっています。実は彼らだって、取り入りたいと考えているからです。

「こんなチャンスは二度とこないかもしれない」と勇んでしまう気持ちもわかります。

ただ現実は直上の上司が考える通りで、あなたの今後を決める鍵を握っているのは部長でも、役員でも、もちろん社長でもないことを忘れてはいけません。

しばしば、「○○株式会社で、末席の役員が社長に就任」なんてニュースを見聞きしますが、間違っても自身に置き換えたりしないでください。

基本的に、サラリーマンは年功序列。

2段飛ばし、3段飛ばしで出世することなんてまずありえない話ですし、たとえあなたが社長に気に入られ、引き上げてやろうと思われたとしても、直上の上司に必ず相談するはずです。そして彼らからの後押しがなければ、その昇進は、残念ながら見送られるのです。その助言を無視すれば会社が組織として成立しなくなりますから。社長だって、バカじゃないですから、それくらいはわかっています。

ありもしない仰天人事は、所詮は絵空事。映画やドラマの世界でしか、生まれません。

どうか、すぐ上だけを見てください。上の上を見るのは、リスクを伴います。

地道に、目の前にいる上司に誠心誠意尽くすことこそが、会社に末永く居心地のいい場所を作るための近道なのです。

⑭ ボーナス日の礼儀作法

会社員が1年に二度、心弾ませる日……といったら、なんといってもボーナス日です。

この日を迎えるまでの1ヶ月間、いや人によったら、2ヶ月、3ヶ月。

「ボーナスが出たらにしよう……」と言い聞かせながら、何度財布の口を締めてきたことか。

ゴルフショップで、家電売場で、はたまた夜の繁華街で、後ろ髪をひかれながらも、ぐっと欲望を抑えて、その場を後にしてきたのです。

この日くらい、大いに羽目を外したってバチは当たりません。日頃、溜《た》まりに溜まったストレスを思う存分、心ゆくまで解消してください。

買いたかったものを買って、食べたかったものを食べて、飲みたいだけ飲んで、そして明日から、また頑張ればいいのです。

でも、その前に……。

上司にお礼の一言を口にすることを、忘れてはいけません。

「えっ、なんで上司にお礼？」なんて思った方、いませんか？

ボーナスをもらえたのは、「俺が頑張ったからじゃん」なんて考えるのは、勘違いも甚だしいのです。

ボーナスが支給される仕組みについて考えてみれば、よく理解できるかと思います。

ボーナスの額はご承知の通り、会社の業績によって左右されます。

会社が儲《もう》かるほどに、その分、社員全体に支給されるボーナスの額だって増えるのです。

したがって会社の調子がいいと、「今度のボーナスはどれくらい出るのかな」と、皮算用をしたくなります。

ただし、その儲かった分を、各セクションに割り当てているのは役員や部長で、その後の課員への配分には、課長の判断が関わっていることを見逃してはいけません。

つまり、明細に記載された額の裏には、もちろんあなたをはじめとした社員全体の頑張りもあったでしょうが、それを正当に評価してくれた上司の踏ん張りも寄与しているということです。

この評価がなければ、いくら会社が儲かったところで、あなたの懐は期待通りには潤いません。むしろ評価が正当でなければ、他の社員のほくほく顔を横目に、憂鬱な気分に苛まれる結果となります。

あなたの頑張りが正しく実を結ぶためには、上司の理解と頑張りが必要なのです。

おそらく配分を決める会議では、役員も部長もそれぞれの部下の顔を思い浮かべながら、奮闘してくれたはずです。「あいつの貢献になんとか報いたい」と他の部署の長と侃々諤々《かんかんがくがく》やり合ったことでしょう。

その後、上の人間は気がつかないあなたの地道な努力を正確に伝えてくれたのは、直属の上司です。

そんな彼らに礼を尽くさないなんて、無礼にもほどがあります。

「ボーナス、ありがとうございました」

気持ちのこもった一言を、どうしても伝える必要があるのです。

明細書をもらった時点で、迷わずお礼に伺いましょう。

あなたに役職がなければ、課長、部長の順番でいいと思います。

万一、課長の前に部長にお礼を言っているところを、課長に見られでもしたら最悪です。理由は別の項でも述べた通り。ここでも直接的にあなたの待遇について鍵を握っているのは直属の上司であることを忘れてはいけません。

本来であれば、役員のところにも行った方がいいのですが、大企業の場合は少しやり過ぎでしょう。もちろん馴染みが深いのであれば、構いませんが。

大人になると、面と向かって他人に礼を言うことは照れくさいものですが、ここは一つ、真摯に感謝の気持ちを表してください。

「おう」と無愛想に答えながらも、上司はきっと満更でもない感慨に浸っているはずです。同時に、健気なあなたの姿が、愛おしく映っているに違いありません。

⑮ 会議が終わったら、まずはじっくり反省会

この項の提言は、比較的大きな企業に勤務している人にのみ、あてはまると考えてください。従業員数でいえば３００人以上といったところでしょうか。

これくらいの規模になりますと、組織としての意思の疎通を図るために連日様々な会議が催されることになります。

部長クラスにでもなれば、毎日何がしかの会議への出席を余儀なくされ、結局一日、自分の席には一度も座らなかったなんて日もあるでしょう。

中小企業であれば、社長が右を向けと言えば、社員全員が右を向くことは比較的簡単ですが、会社の規模が大きくなるとそうはいきません。

トップの意思を確実に下々まで伝えるために、「俺、それ知らないんだけど」といった事態を未然に防ぐために、会議はやっぱり必要なのです。

本来会議は、ある議題について討論を尽くす場です。互いに忌憚《きたん》ない意見をぶつけ合った末に結論を出し、その後はなんのわだかまりもなく同じベクトルで進んでいくのが理想でしょう。

ところが実際には出席者個々の思惑がありますから、限られた時間内で皆が納得するような結論を出すことは難しいのが現状です。

したがって、関連部署への根回しがどうしても必要となります。予め、異議を唱えそうな出席者のヒアリングを実施し、十分にガス抜きをするのです。当然この間に、発案者が当初考えていたアイデアから角が取れてしまう可能性がありますが、致し方ありません。

斬新な提案ほど、全員の賛同を得るのは困難です。たとえそれが会社に多大な利益をもたらす可能性があったとしても、正論とは別の自分本位な感情が横切りますから、仕方ありません。

「これが通ったら、あいつがポイントを稼いでしまう……」

「あそこの部署だけ、脚光を浴びさせるわけにはいかない……」

思いもよらなかったアイデアを耳にして、こう苦々しく思う輩はたくさんいます。

だからといって悲観する必要はありません。会社とはそういうものなんだと割り切ってしまいましょう。段階を踏んで既成事実を積み重ねていけばいいのです。

「千里の道も一歩から」ということわざがあるじゃないですか。

そんなスピードで大丈夫かと危惧する方もいると思いますが、決定の速度は企業の大きさと往々にして反比例します。これまで培ってきたノウハウと経験がありますから、大きな企業にこそ、その余裕があるのです。

万一、そこに歯がゆさを感じるのであれば、もっと規模の小さい会社に転職するしかありません。絶対にお勧めしませんが。

会議について、話を戻しましょう。

大企業における会議は、言わば儀式です。既に決定している事項を、念のために皆の間で確認する場。

つまり会議の前に、既に仕事は終わっているとも言えます。

そこで実行してもらいたいのは、会議終了後は必ず即座に上司との懇談の場を設けることです。

あなたの部署もしくは課が、起案部署である場合は尚更です。

それまでの苦労が報われた瞬間ですから、その喜びを分かち合わない手はありません。チームで達成感を味わうことは、互いの信頼関係を構築する近道です。

起案部署ではない場合でも、会議は会社の勢力図を如実に表しますから、その後に上司とコミュニケーションを取ることは有効です。

彼らが何を考え、今後この会社でいかに生き抜こうと企てているかを肌で感じることができます。部下として、絶対に無視できない情報ですから、把握しておくに限ります。

したがって、よほどのことがない限り、会議の後少なくとも30分間は、他のスケジュールを入れることなくフリーにしてください。

また稀《まれ》に儀式であるはずの会議が役員の一言で紛糾することがあります。

その役員に不意に心変わりがあったのか、たまたま聞いてなかったのか、原因は様々ですが、「それはどうなのかなあ……」なんて一言から不穏な空気が流れ始め、最悪の場合、議案の修正を求められたりするのです。

その際、頼りの上司がなんの反論もしてくれなかった、なんて経験がある方もいらっしゃると思います。

そんな時、異議を唱えた役員よりも、上司へ怒りの矛先が向いたことでしょう。

それでも、近づいていって「仕方ないですねえ」と苦笑いしながら一声かけるのです。

上司は自身の無力さを実感しています。部下に力添えができなかったことを悔いているのです。しかも、そんな姿を多くの社員の前でさらしたのですから、あなたのその一言が、どれだけ彼を救うことか。

後ろめたい気持ちと共に、あなたへの明確な借りを感じるに違いありません。

この借りが、今後どんな影響を及ぼすかは、会社員であるあなたなら、きっとわかるはずです。

16 上司には絶対に勝てないし、勝ってはいけない

これまでの項では、部下の側から見て比較的好感の持てる上司に対しての接し方について、述べてきました。ところが残念ながら、実際の現場では、そんな上司ばかりではないケースの方が多いと思います。

人としてどうかと思うような尊敬できない上司に巡りあう可能性は、相当に高いのです。

「なんで俺だけがこんな目に……」と嘆いている方も多いでしょう。でもそんな不遇にいるのはあなただけじゃありません。

最悪なのは上司のくせに、部下のケツを絶対に持たない輩です。

手柄は独り占めするのに、何か問題が起きると、部下のせいにして知らん顔を決め込む連中……。

そんな場面に遭遇するとたまらなく腹が立ちます。「俺より高い給料もらってるくせに」と理不尽な現実に、憎悪にも似た感情が湧いてくることでしょう。

でも、この憎悪が実を結ぶことはまずないと肝に銘じる必要があります。

上司と部下の関係である限り、部下の分際で勝ち目はまずないのです。

社内ではあなたの声より、上司の声の方が大きいに決まっています。きっと客観的に判断したら、あなたに軍配が上がるにもかかわらずです。

下克上なんてものは、ドラマや映画のなかの世界であって、現実には存在しません。そんな事態が頻発したら、組織が崩壊してしまうからです。

だからといって悲観しないでください。

組織には永久的に存続していくために、浄化作用が必ず働きます。あなたの力だけではなんともなりませんが、部下の信頼を勝ち取れない上司はやがて葬られる運命にあるのです。

その時をじっと待つしかありません。時間はかかりますが、心を穏やかにして、自身の会社の良心を信じるのです。

その際、上司に対する見方を少し変えてみるのが有効かもしれません。

頼りにならない、どうしようもない上司を憎むのではなくて、憐《あわ》れむのです。

「可哀想な人だなあ……」

そう考えれば、少しは気が楽になりませんか？

上司だって上司である前に、一人の人間です。奥さんだっていますし、あなたにとっては軽蔑すべき許せない人物であっても、その稼ぎを当てに成長を続ける子供だっているのです。

つまりは上司とて、生きるのに必死ってこと。

なんとか現状のポジション、環境を維持しようとするあまり、冷静な判断力を失い、周囲が見えなくなってしまっています。自身と家族だけが大事で、それ以外の人間のことなんて、どうでもよくなってしまうのです。もちろん部下はその対象。傷つけたりすることになんの抵抗もないばかりか、踏み台にすらしてしまうでしょう。

どうです？　いい大人が憐れだとは思いませんか？

こんな輩に、腹を立てたところで、あなたの価値が下がるだけです。

思い切り斜に構えて、いや上から目線で蔑んでやればいいのです。

間違っても感情的になってはいけません。その時点で、あなたの負けです。

上司の方が理不尽であるにもかかわらず、下手をすれば、あなたの方が組織から葬られてしまう可能性があります。

組織のなかでは、基本的に部下には上司への絶対服従が求められます。組織は上から下へと水が流れるようなピラミッド型になっており、その水が逆流してしまうことがあれば、統制がとれず存続すら危うくなってしまうからです。したがって、異議を唱える程度ならまだしも、感情的に歯向かったりしたら、それだけで統制を乱す危険分子と見なされて排除されることになります。

溢《あふ》れ出そうな気持ちはぐっと抑えて、嵐が去るのを待ちましょう。嵐は必ず去ります。その間、内心では蔑みながら、「はい。わかりました」と従順な部下を装うのです。サラリーマンの神様は、ちゃんと見ていてくれていますから、堪えたあなたは必ず報われます。

17 あなたのミスは待ち望まれている

どんなに用心深く注意していても、人間に失敗はつきものです。

ただし、その後の対応については、その人の器量が如実に表れることになります。うまく乗りきれる人と後をひいてしまう人では、その後の会社人生に大きな差が生まれます。

会社員の場合、仕事はチーム一丸となって進めていますから、個人のミスは必ず他の社員の誰かに影響を及ぼすことになります。

至極当たり前の話ですが、いざミスを犯すと、このことをすっかり忘れてしまう人が意外に多いような気がします。もみ消そうとしたり、表面化しないように尽力したりと、見苦しい行動に走るのです。

見栄やプライドが邪魔するのでしょうか。

そんなものは会社員である限り、全く不必要で、社内における居心地を悪くする要因になるだけです。

格好つけずに、たまにミスを犯す親しみやすいキャラクターを浸透させることが、長く会社にいられる秘訣《ひけつ》であることをしかと心に刻みましょう。

一つのミスを、人知れず葬ることなど絶対にできません。必ず表面化したり、チームの誰かが気がつくことになります。

とくに上司は、プレイヤーではなく、マネージャー、すなわちあなたの言動を見守る役割を与えられているので、部下のわずかな失態だって見逃すことはありません。

ならば、ミスをしてしまった時は、自分から報告するのが得策であるに決まっています。

ミスを犯した時に、肝に銘じなければならないのは三つのSです。筆者はこれを新入社員の時に、当時の上司から徹底的に叩《たた》き込まれました。

三つのSとは、「速やかに」「率直に」「詳細に」の頭文字。

これを実行すれば、ミスを犯したにもかかわらず逆に上司からの信頼を得ることもできるのです。解説を加えましょう。

・「速やかに」

時間の経過と共に、そのミスを補うための施策の選択肢が減っていきます。「もう少し早くにわかっていたら、やりようがあったのに」という経験は皆さんにも、一度や二度はあるはずです。とにかく速やかに、上司に報告してください。

「席にいなかった」なんてことは全く理由になりません。たとえ、話を聞いてもらえるような状況ではないとわかっていても、「お話があります」ととりあえず1本メールを入れておきましょう。万一にでも、あなたより先に別の人からその耳に入ったりでもしたら、それだけで上司の信頼を失います。

・「率直に」

できる限り客観的に報告しろということです。自身の失態を正直に告白することは、なかなか勇気がいります。どうしても、「……そうせざるをえなかった」と言い訳を含んだ文脈になりがちです。これでは、上司としても対処の方法を見つけるのに手間がかかります。本質を見極めるための時間と情報を要するからです。

あなたが悪かったことを素直にさらけ出してしまった方が、気分的に楽になりますし、次への一手を上司と一緒になって練るにも近道です。

・「詳細に」

正確には、「簡潔に、詳細に」です。

何やら矛盾していますが、包み隠さず、かつ余計な情報は入れるなということです。多少の余裕があるなら、紙にまとめて報告するのがいいでしょう。ミスに至った経緯が明確になり、適切な処置だって、自然と浮き彫りになるからです。

最後に……。

ミスをすると、あなた自身は「どうしよう」と当惑するでしょうが、上司の立場からすれば程度によりこそすれ、基本的には歓迎すべき事態です。

何事もなく平穏な状況が続けば、上司の出番はありません。

顔には出さなくても、あなたの報告を聞きながら、きっと心は躍っています。

なんとか、上司らしいところを見せてやろうと、ぐるんぐるん腕は回っているのです。

こんな時、ダメな奴だと思われたくない一心で、婉曲《えんきょく》に伝えたり、肝心な部分を隠蔽することが得策でないことは明らかです。

大いに甘えて構いません。上司は、そのために存在しているのですから。洗いざらい全部話して、一緒に解決してもらうべきです。

うまく対処できた暁には、上司は存在意義を示せたことに大いに満足し、ミスを犯したあなたに親近感を抱くことでしょう。

まさに「災い転じて福となす」です。

第二章　部下は何を願う

――「失われた20年」の間に嘗てとは確実に様変わりした部下像。その本質を理解しない限り、彼らを掌握することはできません。まずは輝かしい成功体験と築き上げたプライドを捨ててください。

⑱ 得意な仕事こそ手放しで任せる

上司にだって嘗てはプレイヤーだった時代がありました。そしてその頃、必ず得意な分野があったはずです。営業職なら多少の無理は聞いてもらえるくらいに食い込んでいたクライアントがあるとか、研究職ならある分野では社内には右に出る者はいないくらいの知識があるとか、そういうことです。

得意分野の仕事は誰だって楽しいですし、不得意分野に比べて成果も出ます。学生の頃、好きな科目こそ夢中になれて、やたらと勉強が捗ったのと同じ理屈です。

その分野があったからこそ、無事に管理職に昇進することができたなんて方も多いでしょう。したがって、マネージメントする側の上司になっても、この得意分野だけは部下に任せることに抵抗が生じます。

理由は二つ。

一つは、楽しいからこそ、他人には渡したくないと思ってしまう。

二つ目は、部下に任せるより自分でやってしまった方が、どうしたって成果が上がる、ひいては会社にとってもその方が有益だと考えるからです。

では得意だからといって、いつまでもその仕事に執着しようとする上司は、部下の目にはどう映るでしょう。

「好きなことばっかりやりやがって……」

「ちっとも俺に仕事を任せてくれない」

などと快く思われないに決まっています。

たとえどんなに成果が出ていたとしても、部下からすれば、上司は仕事ができて当たり前。それによってリスペクトされるなんてことも100パーセントないのです。

その成果を盾に（本人にそのつもりはなくても、部下からはそう見えてしまう）、彼らの仕事にあれこれ介入したところで、素直に聞く耳を持たれることもまずありません。

叱咤《しった》しても、「じゃあ、おまえがこっちやれよ」なんて思われてしまうのがオチです。

だからこそ部下へ仕事を割り振る上で念頭に置かなければならないのは、自身の得意な仕事こそ積極的に任せるということ。

「俺がやった方が早いのに」「俺だからこそできたんだ」という気持ちはわかります。でも、上司となった今はもう純粋なプレイヤーではないのです。部下に仕事を任せて成果を出すことを義務づけられているマネージャーが、いつまでも好きなことをやっていて、いいわけがありません。

むしろ不得意だと思うことに果敢にチャレンジしていくべきで、これまで成果を出した分野については多少乱暴でいいので部下に丸投げするのが正しい姿でしょう。

しかも一旦任せたら、途中介入してはいけません。部下が白旗を上げるまで、黙ってその動向を見守るのです。

「あーすればいいのに」「それじゃ、うまくいかないって」

見ていて苛立つ気持ちはわかります。

なにせ得意分野ですから、さぞ部下のやり方はもどかしく映るに違いありません。

でもじっと我慢……。

万一うまくいけばそれはそれで喜ばしいことですし（その際にもできて当たり前と思わず、労いの言葉を必ずかけること）、そうではない場合、どうにも立ちゆかなくなり泣きついてきた時こそが、上司の出番です。

得意分野ですから、迅速に適切な解決策を見出すことでしょう。成功体験のある上司は、部下が成し遂げられなかった理由なんてすぐにわかるはずですから。

そして頼もしい上司の姿を目の当たりにした部下は、きっと敬愛の念を抱きます。「この人の下だったら、俺も早く一人前になれるかもしれない。この人に早く追いつきたい」と一層のヤル気を持つことだってあるかもしれません。

あわせて、これを機に部下の成長だって見込めます。失敗とそれをリカバリーする施策を通じて、人は多くのことを学ぶのです。

では仮に部下がつまずいた仕事が上司の不得意分野だった場合、どんな事態に陥るのでしょう。

たとえば営業で、そのクライアントに対して上司がなんのパイプも持っていないなんてケースです。

部下の方が先方に顔が売れているわけで、上司であっても適切な対応策なんて思いつくわけがありません。せいぜい先輩として営業の一般論を語るくらいが関の山です。クライアントとの打ち合わせに同行したところで、「今更出てくるなよ」とかえって話がこじれる可能性だってあります。

これでは上司としての面目は丸つぶれですし、確実に部下からの信頼だって失うことになるでしょう。

というわけで、得意な仕事こそ、どんどん部下に任せてください。

そして上司は、あえて高い壁に向かって挑むのです。そこにはあなた自身の成長が見込めます。上司だって発展途上、胡座《あぐら》をかいている場合ではありません。一方で、自身の得意分野でつまずいた部下を救ってあげることこそが、上司のやるべきことなのです。

⑲「ここだけの話」は、誰にとっても蜜の味

1997年11月。野村、大和、日興と共に四大証券の一角を占めていた山一證券が自主廃業に追い込まれました。バブル崩壊後、世間全体が閉塞感に包まれるなか、このニュースは衝撃をもって日本国中を駆け巡ったのです。

実は筆者は大学卒業後2年半に亘《わた》り、この山一證券に勤務していました。当時はバブル真《ま》っ只中《ただなか》で、入社2年目には既に7桁に近いボーナスを手にし、今から思えば異常ともいえる金銭感覚で会社生活を謳歌《おうか》したものです。

もちろん数年後に会社がなくなってしまうなんて雰囲気は社内には微塵《みじん》もなくて、その証拠に、人事部から各部署より若手社員10名が招集され「10年後の山一を考える」と銘打たれたプロジェクトが発足していました。筆者もメンバーの一人だったのですが、週に一度、役員会議室に集い、会社の将来について経験も知恵もないのに語り合ったのです。その10年も経過しないうちに、会社がなくなってしまう事態が起こるだなんて、誰も想像できませんでした。

このニュースをテレビで知った筆者は、にわかに信じられず、嘗ての同期の何人かのもとに

電話を入れました。

その日は土曜日で、自宅にいた彼らが口を揃えて言ったのは「全く知らなかった……」でした。

課長代理、あるいは課長職といった中間管理職に就き、今後の会社を背負っていく自覚が芽生え始めた時期に、こんな大事な知らせをテレビを通して知る羽目になった現実に自身の無力さを痛切に感じている様子がひしひしと伝わってきました。

もちろん会社が消滅してしまうショックもあったでしょうが、何より忠誠を尽くそうとしていた相手に裏切られたような気分に苛まれていたのでしょう。

この山一のケースの場合、会社の存続に関わる情報ですから、相当の箝口令《かんこうれい》がしかれていたことは想像がつきます。

後に聞いた話によれば、部長クラスでさえ寝耳に水の話だったようです。

たとえ知ったとしても、彼らが何か講ずべき有効な手段を持ち合わせているはずはありませんから、会社の施策は妥当なのでしょう。

でも、何も聞かされなかった元同僚たちの無念さには、わずかな時間とはいえ同じ釜の飯を食った同志として、やっぱり胸が痛みます。

これまで積み上げてきた努力がすべて無駄になるという宣告を第三者から受けるなんて、あまりに残酷です。

さて、この例は極端にしても、会社の機密事項は社員なら誰だって知りたいものです。年齢、役職を問わず、会社に対して忠誠を誓っているものほど、その傾向は顕著でしょう。

一方で、組織の末端へ向かうほど、当然知り得る情報は少なくなります。つまりはやる気のある若手社員ほど、情報に飢えていることになるわけです。

上司として、言葉は悪いですが、優秀な部下を掌握するために、彼らのこの飢えを利用しない手はありません。

こっそり教えてやればいいのです。

若造に見える部下でも、考えてみればもう立派な大人。「言うなよ」と言えば、簡単に他言することはないでしょう。ましてや上司から言われたとなれば、それは命令となりますから、そうやすやすとしゃべったりはしないはず。

しっかり口止めした上で「ここだけの話な……」と耳打ちしてあげるのです。

こっそり告げられた部下の気持ちになってみてください。

彼らにとって、上司と秘め事を共有することほど、喜ばしいことはありません。自身を大事な戦力として認めてくれていると実感するからです。他の社員は知り得ないだろう情報をつかんだことで、優越感にも浸ることでしょう。

もちろん貴重な情報を教えてくれた上司に対するロイヤリティは俄然《がぜん》高まります。信じてやれば、相手だって信じてくれるのです。

単純な性格なら、「この人についていこう」「この人のために一肌脱ごう」なんて短絡的な感情になる部下もいるかもしれません。それでも部下の益々《ますます》のヤル気を引き出すことに成功したことだけは間違いなくて、歓迎すべきことです。

なお、この「ここだけの話」は極力、昼間の業務時間中に切り出すことをお勧めします。当たり前ですが、その方が部下は一層真摯に話を受け止めるからです。酒を飲みながら話したところで、口の軽い人間としてバカにされ、結果口止め効果は全く期待できず、次の日には極秘事項があっという間に皆に知られることだってありえます。

誰にも話の聞かれない会議室などに呼び出して、少し改まった感じで話しかけてやりましょう。

そして最後に「おまえの耳にだけは入れておこうと思ってな」なんてしめてやれば、きりっと引き締まった部下の顔を目の当たりにすることは、確実です。

⑳ あなたのヒロイックな武勇伝は笑われている

部下の仕事ぶりを見ていて、あれこれと言いたくなるのは、すべてあなたの経験ゆえです。

彼らの言動が稚拙で頼りなく感じてしまうのも、若かりし自身のそれと比較しているからに他なりません。

「俺は、確かこうしたよな」

「俺はあんなことしなかった」

顔には出さずとも、つい心のなかでつぶやいてしまいます。そして、そっと人知れずため息をつくのです。

過去にとった行動は時間の経過と共に、美化されてしまう傾向にあります。大概の仕事はそつなくスムーズにこなしたと都合よく記憶が書き換えられてしまうのです。心の片隅に追いやられてしまった失敗談さえも、あれがあったから今があると好意的な解釈に変わっていたりします。

さすがに昼間は理性が働くので、部下に対してそれらを露骨に披露することに躊躇《ため》いがありますが、夜になってお酒が入ると、もう止まりません。

業務時間中は堪えていたことも手伝って、当初はやんわりと諭すつもりが、気がつけば、武勇伝のオンパレード。その内容はヒロイックな血風録にまで誇大妄想化していますし、そこには、もう既に会社を定年で退社してしまった人物なんかも登場したりします。

「わかるよ、今おまえが悩んでいること。俺にも同じようなことがあったよ。ちょうどその時の上司が、去年まで会社にいたKさんでさあ……。Kさんって聞いたことある？　営業では伝説の人だよ。そのKさんの一言が、俺のやり方を180度変えてしまったわけよ……」

さて、この武勇伝、いや自慢話を聞かされている部下は一体どう受け止めているのでしょう。

「なるほど……」

「へえ……そんなことがあったんですか」

心やさしく大袈裟な相槌も打ってくれるでしょうが、内心は退屈しているに決まっています。登場人物の顔も浮かばなければ、成功談とはいえ昔話ですから、ピンと来るわけがないのです。なかには表情とは裏腹に、端から心に留める気なく、「今と昔じゃ時代が違うんだよ」とバカにしている輩もいるかもしれません。

そもそも、世代が若ければ若いほど、過去について振り返る習慣がありません。過去について興味がないといった方が正確でしょうか。自身について顧みればわかることです。同窓生に会いたくなったり、実際に彼らと会って昔話を肴《さかな》に飲むようになったのは30代後半から40代前半に差し掛かった頃からじゃありませんか。この時期に差し掛かると、よほど無神経な人じゃない限り、自身がこの会社でどの程度のポジションまでいくのかが見えるはず。つまりはどんな状況で会社員生活をゴールするのかがわかるってことです。

先の見えたレールの上を走るくらい、退屈なことはありません。それに耐え切れなくなった人が、楽しかった美しい過去を振り返るようになるのです。

勘違いしないでください。筆者は過去を振り返ることを否定しません。出世するしないは半分は運ですから、そこに固執せず、最後まで居心地のいい場所を作ることこそがいちばん大事なことだと思っていますから。

話が逸れました。

要は若い輩は、よほどの偉人かリスペクトしている人以外の昔話には興味がないってことです。挫折の経験が乏しいばかりに、その分、可能性を実感しているので、過去の事例を盾に諭したところで説得力を持ちません。

にもかかわらず、飲む度に昔話を繰り返していると、あなたはやがて見放されることになります。嫌われるってことです。若者は過去にしがみついている大人なんかに魅力を感じません。むしろ反面教師として捉えるでしょう。「いつまでも過去にとらわれている、あんな人にはなりたくないな」と。

その結果、その後夜の席に誘い出そうとしても、昨今の若者は上司からの誘いを断ることに抵抗がなくなってきていますから、「まだ、仕事終わってないんです」「ちょっと予定が入ってて」などと、いとも軽々しくあしらわれてしまうのです。

こうなると上司としては、なんとも居心地の悪い環境に追いやられることになります。しつこく誘えばパワハラで訴えられるなんて可能性もゼロではないですし、昼間に声をかけることにだって抵抗が生じるでしょう。

部下と接する時には、過去を捨ててください。今のあなたをさらけ出して、向き合うのです。第一、嘗ての成功は、その時代にマッチした手段を講じたから得られたのであって、今も通用する保証はありません。

それよりも内心は別にして、過去を振り返ることなく前だけを見つめている背中を見せることの方が、部下にとっては必ず魅力的に映ります。ひいては欲しかった信頼を勝ち取る可能性が確実に高まるのです。

21 目指せ、「時代おくれ」な男

関西出身のシンガーソングライター河島英五が歌った「時代おくれ」という歌をご存知でし

ょうか。作詞は阿久悠氏で、中年男のあるべき姿が切々と歌われています。その一節にこんな歌詞があります。

不器用だけれど　しらけずに
純粋だけど　野暮じゃなく
上手なお酒を飲みながら
一年一度　酔っ払う

思わず日々の暮らしを顧みながら聞き入ってしまう、実に良い詩です。そこに描かれているのは、時代に流されない筋の通った男。自分もこうありたいと願うのは筆者だけではないでしょう。

さて、組織に属する会社員とて、愛想を振りまくのが下手で、人付き合いが苦手だという人は結構います。「もうちょっとうまく立ち回ればいいのに」とその不器用な生き方に苦言を呈したくなるような類の人は、皆さんの周囲にも一人や二人はいるはずです。彼らはそもそもしゃべること自体が苦手で、何を切り口に会話をすればいいのかさえわかりません。他人に興味がないわけでもないのですが、自身をアピールすることにも躊躇いがあって、積極的に交流を図ろうとはしないのです。

この手のタイプが上司だと、部下は萎縮します。会話がない分、何を考えているのかわからないからです。もちろん仕事の話はするでしょうが、それ以外のコミュニケーションがないために、冷酷な印象を持たれる可能性もあるでしょう。

当然、部下は、上司のどこに喜怒哀楽のツボがあるのか把握できないので、むやみに近づいていこうとしません。思わぬ地雷を踏むかもしれないと思うと、適度な距離を置いて付き合うのが無難だと考えるのです。まさに「触らぬ神にたたりなし」です。

もちろんこんな状況は互いにとって歓迎されるはずもなく、何か手を打たない限り、部下の気持ちはどんどん離れていきます。当初から上司の側には全く悪気がなかったにもかかわらずです。

結果、陰口を叩かれることもあるかもしれません。上司との関係が良好でない部下は、モチベーションを失い、フラストレーションが溜まりますから、社内のあちこちに助けを求めることになります。そして噂が噂を呼んで、最悪の場合、管理職失格のレッテルを貼られることだって十分にありうるのです。

総じて部下は、人間味溢れる上司を求めています。喜怒哀楽がはっきりしていて、良くも悪くもわかりやすい性格の方が好まれるのです。

会社員として仕事を進めていく上で、自身の意向よりも上司のそれを汲み取ることを義務づけられているのですから、当然でしょう。何が好きで、何が嫌いなのかを把握できない上司のもとで働くくらい、やりにくいことはないのです。細部に亘って、その都度、確認する手間が生じますから。

では、万一あなたがそんな困った上司だとしたら、打つべき手は何か？

性格を変えられればいいのですが、それは土台無理な話です。とくに年齢を重ねるにつれて、性格は一層凝り固まってきますから、今更トライしてみたところで長続きはしないでしょう。ならばお酒に頼るしかないと思います。

弱い人はそれなりに、強い人は徹底的に飲んで、部下の前で酔っ払うのです。

前述した歌のように、年に一度くらいの頻度で構いません。それくらいのレア感があった方が、いい意味での意外性をもって部下に受け入れられるでしょう。

適度に酔っ払うことは、相手の警戒心を解きます。心を開放しているように映りますから、悪い気はしないのです。部下だって日中は知り得ない上司の本音に触れている気がして、嬉しいに違いありません。

もちろん、酔うだけでなく、その勢いで語ることも必要です。生い立ち、会社に入った経緯……。そしてここがとくに重要ですが、今後会社や自身の部署をどうしていきたいのか、思いの丈を披露するのです。部下の手前、背伸びをする必要はないと思います。

さすがに「この会社に未来はないよな」的な話は控えるべきですが、淡々と考えている理想を打ち明ければ十分です。

その他にも、奥さんや子供の話を持ち出すのもいいでしょう。家族の話は、その人となりを浮き彫りにします。

以前、筆者にもいつも無愛想で苦手な上司がいたのですが、忘年会の席で突然奥さんとの馴《な》れ初《そ》めについて語られて、その印象が少し変化したことがありました。

「そうだよなあ。この人も普通に人を好きになって、結婚したんだよな」なんて当たり前のことを改めて実感させられ、妙な親近感を覚えたのです。

たまに、酔った勢いで自身の少しマニアックな趣味について語る人がいますが、この手の話題はなるべくなら避けた方がいいと思います。ゴルフや釣りといったポピュラーな類であれば構いませんが、「やっぱり、この人、ちょっと変わってるよね」なんてネガティブな印象を持たれることが、ままあるからです。

会社や家族の話題がそうであるように、いずれの社員にとっても身近で興味の持てるような題材に終始しましょう。

普段、内向的でしゃべり下手の上司の皆さん、目指せ、「時代おくれ」な男です。

㉒「あいつ、だめだよな」。言ってるあなたがいちばんダメだ

同じ会社に勤務しているとはいえ、個々の社員は生まれも育ちも違いますから、持っている価値観は異なります。結果、衝突もするでしょうし、人の好き嫌いがあって当たり前です。

したがって、社員同士が集って夜の宴が催される際は、大概誰かの陰口の叩き合いになります。

「あの部長の下じゃ、安心して仕事なんかやってられないよ」

「次長って典型的なサラリーマンだからさあ。上の前では、コロッと態度が変わるんだよね」

「課長、来年早々に出されるらしいよ。何かわからないけど、部長の地雷を踏んだんだって」

なんて具合に、溜まりに溜まったフラストレーションを吐き出して、誰しもが同調者を求め、心のバランスを取ろうとするのです。

この行為自体は、たとえば平社員同士で行われるのであれば、全く否定はしません。会社員が上司に対して不平不満を抱くのは健全なことです。それほど真摯に仕事と向き合っている証だからです。何より、情報交換によって共通の問題点を見出し、その後、会社にとって有益な方向へ改善されるのであれば、歓迎されるべき行為だと思います。

問題なのは、この場に課長が同席をしていて、そこにはいない部下の悪口を言い出したりするケースです。

「あいつは何をやらせても、本当にだめだよなあ」

「もう我慢できないから、近々部長にちゃんと話して、引き取り手のある部署に出してもらうよ」

これらの発言、たとえお酒が入っているからといっても、決して許されるものではありません。

聞かされた部下の身になってみてください。きっと、明日は我が身だと思うでしょう。平気で部下の悪口を口にする上司を内心軽蔑しながらも、自身の今後の処遇が不安になるに決まっているのです。

当然、翌日からの仕事には影響をきたします。ひたすら課長の顔色を窺い、彼の意向にそぐわないと思った事項に関しては後ろ向きにならざるをえません。たとえそれが、本来会社員としてとるべき行動だったとしてもです。

つまり部下の陰口を部下の前で叩くことは、人事処遇を盾にした、ある種の恐怖政治に等しいことになります。投獄、殺戮《さつりく》などの手段を用いて、歯向かってくる者を弾圧し執り行う政治と、その根本は大して変わらないのです。

こんな卑劣な手段を行使して部下を言いなりにできたとしても、ろくな結果にならないことは目に見えています。

まず部下は、言われたことしかやらなくなります。考えることを停止し、目の前の与えられたことだけを忠実に実行することにしか興味がなくなるのです。言うならば部下が皆、アルバイト程度の仕事しかやらなくなるってことです。

必然的に上司がやらなければならない仕事は増加し、やがてキャパオーバーになるでしょう。その結果、会社にとって不利益な、致命的失態をしでかしてしまう可能性も否定できません。

また追い込まれた部下が、社内の誰かに救いを求めることもありえます。「部下の悪口を言っているのを聞いて、萎縮してしまって仕事にならない」という事実だけではインパクトが小さいので、適当な尾ひれすら付いています。

部下だって、会社のなかでなんとか自身の居心地のいい場所を見つけようと必死です。人事部へ直接駆け込むなんて大胆な行動はとらないにしても、切羽詰まれば、組合、ヘルプラインといった弱者の受け口へ飛び込むことでしょう。その後の展開に関しては、推して知るべしです。

上司は誰だって、部下に対して持ちうる力を誇示したいものです。

その気持ちは十分にわかりますし、威厳が保たれることは、組織が健全に運営されていく上で必要だとも思います。下から軽々しく扱われているようでは、経営側の意向も行き渡りませんし、同じベクトルで一丸となるなんて不可能だからです。

ただし、自身より弱い者の陰口を叩いて誇示するやり方だけは、絶対にあってはなりません。やはり権威はその背中で示すのが妥当ですし、万が一、部下の至らないところが気になった場合は、直接その本人と相対するべきなのです。

そもそも陰口はその人の品格を落とします。若いうちだけに許される行為です。

年齢や地位の上昇に伴って、自身の発言も重みを増してくることを自覚しなければなりません。

思いを安易に他言できない、共有できない辛さは理解します。でもその思いをそっと忍ばせ、仕事に邁進するのが上司としてあるべき姿です。

23 権利は部下のためにも行使する

有給休暇取得は会社員に与えられた明確な権利です。当然行使するべきですが、消化することを躊躇ってしまう社員は未だに数多くいるようです。

その消化率のランキングが発表され（東洋経済から発表された2013年3月時点のランキ

ングは、1位ホンダ、2位相鉄ホールディングス、3位トヨタ自動車、ケーヒン）、ニュースになってしまうことが何よりの証拠でしょう。

最大の妨げとなっているのは、言うまでもなく上司の存在です。

上司が休まないから、休めないのです。

最近では社をあげてその取得率向上に躍起になっている企業も多く、上司は皆口では「休みはしっかりとれよ」なんて宣《のたま》います。

でもそれを実行している上司の背中を見ない限り、部下はそんな言葉を決して鵜呑みにはしません。

さすがに、昔と違って「こんな忙しい時に休むわけ？」と露骨に嫌な顔をされるようなことはないものの、内心では快く思わないだろうと想像するからです。

では、なぜ上司は休まない、いや、休めないのでしょう。

理由は大きく二つあると思います。

一つは、休みをとっても、一緒に過ごしてくれる人がいないから。

もちろんこれは年齢にもよりますが、40代半ば以降の場合、既に子供も自立して、家族揃って過ごす時間がめっきり減ってしまいます。子供は皆クラブ活動、友達との付き合いなどで忙しくて、とても親に付き合う時間なんてないのです。外国に行くなど特別なにんじんでもぶらさげない限り、「今度、お父さん休みとるから、どこか行こうよ」と切り出しても見向きもされないでしょう。

また社内を見渡してみても、休みを一緒に過ごせるような気心知れた仲間はいません。学生時代の友人とも、会えば「みんなで温泉にでも行くか」なんてことにはなるものの、互いに忙しくていつのまにかそんな話はたち消えになります。必然的に休みを共に過ごす候補は奥さんしか残らないわけですが、今更二人で旅行なんて、どうにも気恥ずかしいと考える人が大半でしょう。

だからといって、せっかくの休みに一人でだらだらと家で過ごすことも躊躇われて、じゃあ会社に行った方がマシだとなるのです。

もう一つは、保身のためです。

加齢と共に、今の地位に固執する感情は強まります。転職、起業で会社を飛び出す勇気もないですし、ならば現状の環境を守りたいとの考えに至るのです。当然、社内の不穏な空気には敏感になって、自身を脅かす動きを察知すると、その火消しに奔走せざるをえません。

嘗て、大企業になればなるほど、本人が出張、あるいは休暇をとっている間に欠席裁判が行われるなんてことはままありました。最悪その間に人事異動が決定され、望んでいないポストに追いやられてしまう理不尽な事態も起きたのです。それらを何度も目の当たりにしてきた身からすれば、うかうか休みなんてとっている場合ではないと思うのも仕方ないかもしれません。

さて、上司が休まないいずれの理由も、部下からすれば納得できるものではありません。彼らには、休みを共に過ごす相手はちゃんと存在しますし、現状の環境を維持しようなんて発想もそれほどないからです。

自ずとそんな上司は軽蔑されることになります。とくに保身の姿勢は、彼らからすればいちばん見たくないもので、「頑張ったところで、ああなってしまうのか」と仕事へのモチベーションを奪いかねません。

当然彼らを掌握することは困難になります。保身のはずが、逆効果だったということです。最近どの企業でも、上からだけではなく、下からの支持もないと、出世はままならない傾向にあります。経営側が、株主をはじめとしたステークホルダー（stakeholder：企業の利害関係者）の目を気にするばかりに、社員の昇進に対して慎重な姿勢をとるようになったからです。簡単に言ってしまえば、昔のように自身の好みだけでは決めなくなったということ。あらゆる角度からヒアリングを実施し、総合的に、会社にとって有益な人物かどうかを判断するようになったのです。

では、上から愛い奴と思われるのと、部下から支持されるのと、強いて言えばどちらに重きを置くべきか。これは間違いなく後者でしょう。

理由は明快です。今、その視線を気にしている上司よりも部下の方が、この先、会社で同じ釜の飯を食べていく時間が長いからです。

仮に今、上司から快く思われなかったとしても、彼らはやがて会社からいなくなります。一方で、部下はあなたより先に会社を去ることはありません。より長い付き合いになる方との関係にプライオリティを置くのは至極当たり前の発想です。

さあ、自身のため、そして今後長い付き合いになる部下のため、有給休暇は積極的に取得しましょう。オンとオフをきっちり分ける姿こそが、部下が求めている理想の上司像なのです。

えっ、じゃあ休みに何をすればいいのかって？

やっぱりここは勇気を振り絞って、奥さんとどこかへでかけるべきではないですか。そうすれば会社でも家庭でも、居心地のいい場所を作れるのですから。

㉔ やっぱり人は褒められて伸びる

社会人になると、他人から褒められる機会は減ってしまうものです。いくつになっても「大したもんだよ」「さすがだね」なんて、やさしく声をかけてくれるのは母親くらいのものでしょう。

逆に、他人を褒めることにも躊躇《ちゅうちょ》するようになります。とくに昼間の会社ではその傾向が顕著です。頑張って成果を出した部下を目の当たりにしても、それが当たり前のように素通りしてしまいます。せいぜい「お疲れ様」と一言声をかけるくらいが関の山です。

しばらく褒められたことなんてないものですから、それが特別な行為に感じられて、素直に口にすることに照れくささを感じるからでしょう。なかには、どうやって褒めていいのか、わからないという人もいるかもしれません。

一方で、巷でよく言われるのが、人は褒められてこそ伸びるという説。

トレーニングをした後に他人から褒められると、運動技術をより吸収できることが科学的にも証明されているのです。なんでも褒められると、記憶するために重要なドーパミンが脳内で分泌されるとか。

人は叱られて伸びるタイプと褒められて伸びるタイプに二分されますが、とくに最近の若者に限っては、後者の方が圧倒的にその割合は多いような気がします。

とある公立の中学校で教師をしている知人から聞いた話によると、体罰が否定され、モンスターペアレントなる呆れた保護者が目を光らせる昨今の教育現場では、怒る、叱るといった行為が完全に影を潜めているそうです。では、どうやって生徒たちに彼らの至らないところを教えるのかと聞いたところ、それがわからなくて困っていると肩を落とされてしまいました。

つまり、若い世代ほど、他人から怒られる行為には慣れていないのです。「よく頑張ったね」と周囲から持ち上げる言葉ばかりを浴びせてもらい、甘やかされて育ってきたに違いありません。結果、やさしい言葉をかけられることでしか、相手の愛情を感じられない体質になっています。怒ることは、時に愛情の裏返しだったりしますが、体験を経ていないゆえにそんな理屈は到底理解できないのです。

彼らからすれば、どんなにやっても褒められることなく、成果を認めてもらえない社会人生活は、さぞ不安で苦痛なことでしょう。

「どうして、褒めてくれないの」「こんなに冷たいのは、きっと俺のことを嫌いだからだ」と周囲の先輩たちを恨めしい目で眺めているのです。

大卒新入社員の約3割が、3年以内に会社を辞めてしまう、所謂《いわゆる》「3年3割問題」は、今や多くの企業が抱える悩みですが、彼らの根本的な資質を理解しておらず、その対策を講じていないことこそが原因だと思われます。「俺らは時に先輩に怒鳴られ、時にその背中を見ながら、仕事を覚えたんだ」なんて自負は、もはや若い世代には通用しないのです。

ならば、人材育成の手法を変えるしか解決の手段はありません。身についてしまった思考を変えてしまうほどの時間の余裕はありませんから。

多少の過ちには目をつむり、とにかく良いところ、成果を見出してあげて、褒めて、褒めて、褒めまくるのです。

「やるなあ、おまえ」

「本当に助かったよ」

そう言って、ストレートな表現でその能力を認めてあげましょう。この際、遠回しな言い方は適切ではありません。彼らは上司世代からすれば異常ともとれるような直接的な愛情表現に慣れっこになっていますから、婉曲な物言いでは褒められていることを実感できないのです。

何もそこまで……と考えないでください。若い部下を掌握するための最適な手法ですから、嘗ての自身の成功体験は捨てなければなりません。

何より、愛あるムチのつもりでも、部下がそう受け止めてくれない限り、面倒な事態を招いてしまう可能性があります。

パワハラで訴えられたり、会社を辞められたりするケースです。いずれも確実に上司にはバッテンがつきます。一旦ついたバッテンを補うためには、相応以上の成果を上げなければならないことは、皆さんの想像の通りです。

では、褒めても褒めても、ちっとも伸びない場合はどうするか。

これはもう他の部署に任せるしかありません。

人事異動させるのです。

これまで散々褒めてきたのですから、部下はたとえ不本意に感じても、恨みに思ったりすることはないでしょう。

そして内示に際しては、真顔でこう告げるのです。

「うちの部署としては痛手なんだけど、どうしても欲しいと言われてな……」

25 アナログだからと開き直ってる場合ではない

スマートフォン普及の勢いが止まるところを知りません。既に携帯電話市場全体の4割に迫る勢いで、20代の男女に至っては、5割以上の人がガラケーからスマホに移行しています。

なかには併用で2台持ちなんて人もかなりの数いるようですが、持ち運び可能なパソコンとして、若い年齢層では、すっかり生活必需品と化しているのが実態です。

会社のなかでも、疑問が湧くとすぐに人差し指と親指を器用に滑らし始め、たちまち解答を導き出す若手社員をあちこちで見かけるようになりました。そんな光景を見せつけられる度に、複雑な思いに駆られている上司の方も多いことでしょう。

「確かに便利そうだし、手にしてみたいが、果たして自分に使いこなせるのか……」

おそらく、こんな心境だと思います。

パワーポイントを使っての資料作りが普及し始めた時期もそうでした。携帯電話を使ってのメールのやりとりが一般的になった時もそう。社内でＩＴツールの使用に最後まで尻込みしているのは、いつだって40代以上の人たちです。

会社に入って20年も経つと、よほどの重要な仕事以外では判断に悩むことはまずなくなります。接する人の特徴も、守らなければならない社内ルールも、全部把握していますから、大して考えなくてもどうするのが適当なのかがわかるのです。こんな居心地のいい環境はありません。もちろん、どんどん新入社員は入ってきますが、基本的には自身よりポジションの低い人間ですから、さしたるストレスにはならないでしょう。

当然、他人に何かを教えてもらうという行為からは縁遠くなってきます。

いつのまにか芽生えた根拠のないプライドから、素直に「これ、どうなってるの？」と尋ねることを躊躇ってしまうのです。

現在40オーバーの方々も、その昔、エクセルや携帯のメールが普及し始めた頃は、わからなくても尋ねることのできる相手はいくらでもいました。

同僚や後輩には気軽に聞けたし、部下の女の子に「これどうするのー」なんて甘ったるい声を出して、教えてもらった経験のある方もいるでしょう。

まだまだわからないことがあることを自覚していて、他人にモノを聞くことがちっとも恥ずかしくなかったのです。

でもこの年になって、このポジションに就いて、嘗てのように人にあれこれと聞く勇気はもうありません。プライドが邪魔をし、10歳も20歳も下の部下に「こんなことも知らないの」とバカにされることが怖いのです。教えてもらっても、ちっとも上達しない事実をつきつけられることにも抵抗があるのでしょう。

だからやっぱりスマホには手が出ない。当面は使わなくても仕事への影響はありませんし、「俺はアナログだからさあ」なんてよくある言い訳をしておけば、体裁だって整う気がするからです。

でも、果たしてそれでいいのでしょうか。

問題は時代に順応しようとしない上司を部下がどう思うかです。

まだ平社員だった時代を振り返ってみてください。

パワーポイントを全く使えずに、資料作りはすべて部下任せの上司はいませんでしたか？そのくせ、あれこれと修正を入れてくるものだから、「だったら、おまえがやれよ」と喉元まで出かかったはずです。

携帯のメールで簡単に済ませばいいような内容を、わざわざ電話してくる上司はいませんでしたか？　打ち合わせ中にもかかわらず仕方なく出て、「えっ、それだけ？　だったらメールでいいじゃん」と思わず口をついて出そうになった体験をお持ちの方もいるでしょう。

そしていずれの場合も、時代の変化に頑《かたく》なに背を向ける上司を「こんなに簡単なのに、どうしてやらないんだよ」と軽蔑したのです。

一方で、わからないことがあったら素直に聞いてくる上司は、時に面倒だと思いながらも概ね歓迎したものです。

時代についていこうとする意識には敬意が払えたし、部下に低姿勢で聞いてくる姿には好感が持てたはずです。年齢や役職が上がっても、わからないことを臆することなく、他人に聞くことは格好いいことなのです。

ましてや、その疑問を解消し、自身の武器として使いこなしている上司の背中は、部下の目にどれほどまぶしく映ることか。

未だガラケーのあなた。

今すぐ、携帯ショップへ急いでください。

そして、操作に困ったら、迷わず部下に尋ねればいいのです。

26 プライベートは惜しむことなくさらけ出す

部下は上司の動向をいつだって見ています。

今日は機嫌がいいのか、悪いのか。良くても悪くても、その原因は何なのか？ 各方面から情報収集を繰り返しながら、その様子と合わせて色々と憶測するのです。

早い話、今この時、何を考えているのか、知りたくて仕方ないのです。

上司の腹一つで自身の今後の待遇が大きく左右されるかもしれないのですから、致し方ないでしょう。

一方、上司はその威厳を保ちたいのか、はたまた元来の性格がそうなのか、要因は様々ですが、役職が上がるにつれてポーカーフェイスになる傾向があります。その心中を素直に顔に出そうとしないのです。

もちろん、好ましくない事態が生じた際に極端に慌てられたり、落ち込まれたりすると、部下は一層動揺することになります。できれば、窮地にも動じることなく、冷静に指揮をとってほしいものです。

でも逆に、喜ばしいことがあったにもかかわらず、いつもの仏頂面だったりすると、仕える身とすれば「これでよかったのか」と不安な気持ちに苛まれてしまいます。仕事へのモチベーション、あるいは上司へのロイヤリティを見失う人だっているでしょう。

したがって、できれば喜怒哀楽のうち、喜怒楽については躊躇なく顔に出していくべきなのです。

部下が成果を出したら、部下と一緒になって喜ぶ。

飲みに行ったら、徹底的にバカになる。

時に過ちを目撃した際には、愛をもって注意する（ただし別の項でも述べた通り、怒るのではなく、あくまで注意するレベルで）。

このメリハリある姿こそが上司に求められる理想像だと思います。

業務時間中にもかかわらず、人目を憚《はばか》ることなく豪快に笑ったりしたら、部下の心がどれほど和むことか。社内の雰囲気だって、絶対に良くなるはずです。働きやすい環境を作ることが上司の果たすべき役割であることは言うまでもありません。

加えて、プライベートも積極的にさらけ出していくべきでしょう。

業務時間外の休日、アフター5をどう過ごすかは、すべて個人の裁量に任されています。したがって、その性格、志向が如実に表れるのは明らかです。

これこそ、部下にすれば、最も知りたい情報に違いありません。

理由は大きく二つあります。

一つは、プライベートにおける志向は仕事にも共通するはずだからです。プライベートで慎重な行動をとりがちな人が、仕事になって急に大胆になるとはとても思えません。指示が来るのを待っているのに、いつまで経っても音沙汰がないなんて時に、その性格を理解していれば、苛立つことなく気長に待てるはずです。

以前、筆者は、コチョウランを自宅で栽培している上司に仕えたことがあります。コチョウランは元々、熱帯に生息する植物で、日々の温度管理に気を遣わなければならず、自宅栽培には向いていない類だそうです。にもかかわらず、彼の凝り方は半端なく、家に帰ってまずすることが温度計を見ること。ゆえに、泊まりを必要とする出張は極力避けようとするほどでした。

仕事ぶりも同様で、とにかく妥協を許さない。共に出席する会議の事前打ち合わせでは、その顔ぶれを思い描きながら幾通りもの進行シミュレーションを描くことを要求されました。

当初はなんでそこまでと反発もしましたが、趣味を知って以来「まあそういう質なんだから、仕方ないか」と半ば諦めたものです。もし彼の性格を把握できていなければ、最後まで納得していなかったかもしれません。

二つ目は、部下が仕事以外で上司に話しかける糸口を見出せるからです。

部下は上司の素の顔を引き出したくて仕方ありません。その様子を垣間見ながら、今自分のことをどう思っているのかを推し量りたいのです。

けれど、なかなか話題が見つからない。

そんな時、プライベートの事情を知っていれば、それを突破口にすればいいのですから、これほど心強いものはありません。

部下は上司が考えている以上に、その存在に怯《おび》えています。

それを少しでも和らげてあげるためには、喜怒楽をはっきりと表に出し、プライベートをさらけ出してあげることが肝要なのです。

門戸を開いてやれば、部下は喜んで入ってきます。

これも、彼らを掌握するための第一歩です。

27 無い袖も振る

役員を除いた会社員の多くの家計は、よほど実家が資産家でもない限り、いつも逼迫《ひっぱく》しています。住宅ローン、子供の養育費など、必要に迫られる出費は後を絶たず、皆ぎりぎりのところで頑張っているのです。

自身の生活についてはなおさらで、次章でも触れますが、平均の小遣いは収入の約8パーセントに過ぎません。500万円もらっている人で年間に使える金額が40万円ですから、慎ましくならざるをえないでしょう。

でも一方で、上司が部下よりも多くの金額を受け取っていることは紛れもない事実で、自由になるお金を、部下よりも持っていることは確かです。

「やっと課長になれて、これからは月に2回くらいは飲みにいけるぞ」

「部長になったんだから、月に1回はゴルフをしたってバチは当たらないだろう」

などと、昇格すると誰だって、自身の趣味やストレス解消のためにより多くのお金を使える期待に胸を膨らませます。

もちろん、使っていいと思います。今まで様々な困難に直面し、それを乗り越えてきたご褒美ですから、ささやかな贅沢《ぜいたく》を咎《とが》める人はいないでしょう。

しかし、水を差すようで心苦しいのですが、偉くなったらその分、色々と入り用になることを忘れないでください。

冠婚葬祭に始まり、ポジションに見合った出費は、想像以上に多いのです。しかもそれらの場面は、往々にしてある日突然、前触れもなくやってきます。

部下の結婚式に招待された。

部下に子供が生まれて、課のみんなでお祝いをしようということになった。

部下のお母さんが亡くなった。

こんな時、部下の心中を想像し、親身になって喜怒哀楽を共にしてあげることは上司としての大事な務めです。当然態度で示さなければなりませんが、その態度には身銭を切ることも含まれるのです。もちろん、昇格する以前より多めにです。

結婚式の場合、そのご祝儀は3万円が相場と言われていますが、課長になったら同じ金額というわけにはいかないでしょう。ならば4万円……いや、割り切れる数字は縁起が悪いから、結局5万円ということになります。タイミング悪く、年に2回あったりしたら、それだけで10万円の出費です。

赤ん坊が生まれた時だって同様です。課員5人で1万円程度の品と考えた時に、一律2000円というわけにはいきません。課長なら気持ちよく半分の5000円を出して、「後はみんなで割っときなよ」と平然と言い放つ姿が求められます。

日常的にも、上司の財布は何かと当てにされがちです。

たとえば、歓送迎会。部下の結束、働きやすい環境を作るためには、避けて通れない大切な行事です。いざ会計となって、たとえ同じ品を食べ、同じ量を飲んでいたとしても、卒業して間もない女子社員や20代の若手社員と、上司が同額の会費という理屈は通りません。

部下が仕事の悩みを聞いてもらいたいので、夜に時間が欲しいと言ってきた場合はどうでしょう。上司として頼りにされている証拠ですから、断るわけにもいかない上に、支払いだって持たざるをえないのです。

「今日は、おまえの悩みを聞いたんだから、ワリカンな」なんて言えるわけもなく、万一そんな本音を口にしようものなら、どれだけ親身になって相談に乗ろうとも、部下の気持ちは一遍で冷めてしまうでしょう。

さて、こんなことを続けていたら、平社員だった頃の方がよほど懐に余裕があったなんてことにならないかと、ご心配の向きの方、いらっしゃいませんか？

実際に、そんな事態もありうると思います。

とある調査によれば、一般的に課長になると、社内行事（冠婚葬祭も含む）で支払う金額は年間で約10万円増えるそうです。つまり年収が１００万円上がったとしても、小遣いは8万円上がるだけですから、以前よりも自由に使える金額は減少する計算になります。

全く割の合わない話です。偉くなったのに、自分のために使えるお金が減るなんて、嘗ては想像もしなかったでしょう。早く出世して、少しでも生活に金銭的な余裕を持つことをモチベーションに精進してきた人も多いはずです。でもだからといって、これらの出費を抑えるわけにはいきません。部下がその様子をじっと見ているからです。彼らには上司の懐事情なんて関係ありません。その観点は、上司としてふさわしい行動か、否か、その一点です。

したがってご祝儀をケチる、一緒に飲んでもワリカンにするなどの行為は、彼らのロイヤリティを損なってしまう事態を生みかねません。

「あの人、仕事はできるかもしれないけど、人としてさあ……」

こう陰口を叩かれたら挽回《ばんかい》は不可能。

無い袖も振ることが、仕事で的確な指示を出したり、ケツを拭いてあげることよりもある意味大事なのです。

㉘ 馴染みの店で素の顔を垣間見せる

上司が部下を懐柔するための施策の一つとして、馴染みの店に連れていくことは意外に有効です。

筆者にも、まだ20代の頃、仕事一筋にしか見えなかった部長に、ひょんなきっかけで彼が10年近く通っているスナックに連れていかれ、その印象が一変した経験があります。

水天宮近くにあったその店は、店構え自体は何の変哲もないのですが、とにかくママが美しかった。最近で言うところの美魔女ってやつです。聞けば昔は銀座でホステスとして働いていて、その後独立してお店を開いたんだとか。部長との出会いは銀座時代なので、かれこれ20年近くの付き合いになると、楽しそうに教えてくれました。

親しげに話し込んでいる二人の様子を眺めながら、「もしかしたら、男女の関係じゃないのか」と妄想が過《よぎ》りましたが、同時に、仕事中には絶対に見せない、隙だらけの部長に親近感も覚えましたし、「ここへ誘ってくれたってことは俺のことを信頼してくれている証拠じゃないか」と優越感にも浸ったのです。

その日以来、部長を見る目が変わりました。相変わらず仕事には厳しくて、あれこれ注文も多いのですが、嘗てはあった反抗的な気持ちに苛まれる機会が減ったのです。怒られても、美人ママの前で見せていた緊張感のない面持ちが思い出され、「まあ、そんなにカリカリしないでよ」と内心では畏まった表情とは裏腹のことを考えてしまいます。

いつしか、そんな部長を支えていこうというロイヤリティも芽生えていました。公私にちゃんとメリハリをつけている姿に少なからず感銘を受けたのです。

部下を馴染みの店に連れていくことには、大きく二つの効果があると思います。

一つは上司としての威厳を示せることです。威厳といっても重苦しいものではありません。年齢相応に身についている人間の深みとでもいいましょうか。金銭的に余裕のない若い輩には、当然馴染みの店なんて持てません。したがって、それがあるというだけで、尊敬に値します。

さらに店の人との親密さを見せつけようものなら、会社で見せる顔とは別の顔を認識し、部下にきっと様々な感慨をもたらすはずです。

「課長にも、色々な顔があるんだなあ」

「部長のことわかってるようで、全然わかってなかったかもしれない」

部下は普段会社での上司しか見ていないゆえに、それが上司のすべてだと考えがちです。だからこそ、社外の交友関係を垣間見せるだけで、彼らの持っている印象を簡単に、しかも好意的に変えることは可能なのです。

二つ目は、前述した筆者の経験談にもあったように、部下が優越感に浸れる効果が挙げられます。

馴染みの店での上司は、普段会社では絶対に見せない顔になります。緊張感のないリラックスした顔です。

その顔を目の当たりにした部下は、驚きと共に、二人だけの秘密を共有した気分になります。中学校や高校の時に、友人から「絶対に言わないでよ」と念を押された上で、好きな異性を告白された時と同じ心境です。

あの時、その友人をどう思いましたか？　打ち明ける相手に自分を選んでくれたことが素直に嬉しかったはずですし、当然友人のことだって大切にしようと思えたはずです。

馴染みの店は言わば「ホーム」であり、秘め事の性質を持ち合わせていますから、そこに誘うことは、同様の効果をもたらすのです。

したがって、馴染みといっても、どんな店でもいいわけではありません。何らかの特徴が求められます。頻度高く通っているからと、チェーン店の居酒屋なんかに連れていけば、むしろ逆効果でしょう。

酒の種類が豊富。

料理が抜群に美味い。

隠れ家っぽく、一見さんは入りにくい。

働いている女性がきれい。品がある。

などなど、その特徴は様々考えられますが、言わば上司の素の顔を映し出す鏡みたいなものですから、年齢を重ねている者が通う、相応の味わいは必要です。

上司の皆さん、誰にも教える気なんてなかった秘密基地に、部下を積極的に連れていってあげてください。

そしていつものように振る舞って、帰り際にそっとささやくのです。

「気に入ったんだったら、俺がいない時にも使ってやってよ」

これでもう部下のハートは鷲掴《わしづか》みです。

29 報告されないのは、あなたが悪い

某レコード会社に勤務する友人Mから聞いた話です。

とある週の明けた月曜日。その日、会社は、週末に所属アーティストの不祥事が発覚し、蜂の巣をつついたような大騒ぎで、社員の大半が朝から対応に追われていたそうです。

それでも直接関わりのないMは、定例の会議に出席。ところが参加予定メンバーの多くは会議どころではなかったらしく、空席が目立つ状況でした。「これじゃあ、会議にならない」と皆が席を立とうとしたところに、息を切らせた取締役が登場したのです。

席につくなり、彼は諭すようにこう語りました。

「今、会社が大変な状況にあることは、みんなも知っての通りだ。俺もその対応に追われている。でも、うちには他にもたくさんアーティストがいて、こうしている今も様々な問題が起きているはずだ。万一、相談したいことがあったら、遠慮せずに俺をつかまえてくれ。今、忙しいだろうからなんて、絶対に後回しにはしないでほしい。もちろん、俺のなかで優先順位はつけるけど、みんなはつけなくていいから。とにかく、いつも通り、目の前の仕事に取り組んでくれ」

これを聞いたMはいたく感銘を受け、以来その取締役を師と仰いで、何かあったら必ず相談するようになったそうです。

緊急時にも冷静を保ち、何でも言ってこいと門戸を開く姿勢を崩さないこの取締役はまさに上司の鑑《かがみ》。あっぱれと言わざるをえません。


業務について上司にコマメに報告することは、会社員に課せられる仕事のなかでも基本中の基本です。組織のなかで、個々が同じベクトルで仕事を進めていく上で、報告を怠ることは絶対に許されません。したがって、「聞いていない」ことを上司は最も嫌います。組織のなかでは何か事が起きた時に、責任をとらなければならないのは上司だからです。

でも一方で、自らの振る舞いにより部下が報告しにくい、話しかけづらい雰囲気を作ってしまっている上司はしばしば散見されます。

「なんで言わなかったんだよ」と叱責する上司に限って、本人の態度に問題があるのです。

部下が芳しくない事案を上司の耳に入れなければならないケースを想定してみてください。良くない話の上に相手が上司となれば、それでなくても報告するのは相当な勇気が必要です。

当然部下は上司の様子をじっくりと観察することになります。今言うべきか、もう少し後にするべきか……。そんな時、机の前に座っている上司が明らかに不機嫌だと感じた場合、どうでしょう。

よほど図々しい性格でもない限り、今は避けておこうと思うはずです。できれば機嫌のいい時に、聞いてもらうにこしたことはないからです。

それでも報告は迅速でなければならないからと、この部下の態度を責めるのはあまりに酷です。

万が一、報告が遅れたことによって、事態がさらに悪化した場合でも、その責任をすべてなすりつけることはできないと思います。

つまり上司は、報告してもらいたければ、一旦机に座ったら、すなわち部下の前では常にできる限りの朗らかな態度でいることを求められるのです。ピリピリしたり、カリカリしている態度はすぐに部下に伝わります。当然彼らは巻き込まれることを恐れるあまり、話しかけてくることはないでしょう。この事態は、組織の機能が停止状態になることを意味します。

もちろん日々社内で、気に障る、気が滅入る出来事は起こるでしょう。でもその気分を部下が見ている自身の席で醸し出すことは許されません。窮屈で辛いことだとは思いますが、上司に課せられている使命として、全うするべきです。

また、前述の取締役のように、普段から報告の義務を繰り返し言い続けることも必要です。とくに若い社員は、組織で仕事を進めているという意識が低い傾向にあります。任せられている仕事が、会社にとってそれほど重要な役割をなしていないと自身で決めつけているゆえに、その一端を担っている自覚が足りないのです。けれど、重要でない仕事なんてあるはずもなく、そもそも本当に重要でない仕事なのであれば、それをやっている社員も必要ないんだと彼らに明確に認識させる必要があります。裏を返せば、仕事に大小はなくて、彼らの仕事もまた会社にとっては重要だということ。筆者にも経験がありますが、この点は何度も、口が酸っぱくなるくらいに言い聞かせる必要があるでしょう。

これらの行程を経た上で初めて、「どうして言わなかったんだよ」と叱責する権利を上司は有することになるのです。

30 部下への謝罪は、絆を強くする

部下が見ていて、いちばん落胆する上司の姿とはどんなものでしょう。

普段偉そうなことを言っているわりに、たとえば会議などでさらに上の上司から疑問を呈された途端、自身の主張を覆してしまう「保身の姿」だと思います。

周囲を置き去りにして、自身のために現状を維持、もしくは向上させようとしている様子は、仕える身として最も見たくない光景です。

部下は頭では理解しています。上司にだって、家族があり、生活があり、したがって言いたいことも、やりたいこともぐっと抑えなければならない場面があることを。

一方で経験のない分、「周囲に惑わされることなく、信じた仕事に存分に打ち込む」という理想に少しでも近づきたいと淡い希望を抱いています。ゆえにそんな理想を木っ端微塵に打ち砕くような情けない上司の姿を目の当たりにすると、ひどく傷つき、高じて怒りに震えるのです。

「俺もこうなるのか……」

「自分だけよければいいのか」

上司に信頼を寄せてきた部下ほど、その落胆は大きいでしょう。それまで共に歩んできていたつもりが、つまるところは一人なんだという厳しい現実を突きつけられるからです。

もちろん、こんな状況を招くことは、上司としては避けたいところです。自身の環境を心地よくするためには、さらに上の上司のみならず、部下からの献身的な協力だって、必要不可欠だからです。

しかし、保身のための言動をとることは、組織のなかで生き抜いていくためには必要です。折れるところは折れなければならない。

何もかもが自身の思い通りにならないのは、会社員の世界に特有のことではなくて、どの世界にもありうることだと思います。

組織で仕事を進めていくためには、時に自我を殺してでも、協調する姿勢がなければ、事はうまく運びません。押したり、引いたり、状況を見極めながら、臨機応変に対応することが求められるのです。当然、部下と「この方向で進めよう」と決めたことでも、修正を余儀なくされることだってあるでしょう。

にもかかわらず、「かわいい部下に、無様なところを見せるわけにはいかない」などと格好ばかりつけていると、周囲からの信頼を失い、社内で煙たい存在になってしまいます。これでは結果的に、そのかわいい部下まで、巻き添えを食ってしまうことになりかねません。社内から疎んじられている上司のもとで働くことは部下にとって悲劇的な状況なのです。上司の存在が障害になって、その小さな声が、社内には届きにくくなるのですから。

では、こんな環境のなかで、周囲からも一目置かれながら、部下からも信頼し続けられるためにはどうすればいいでしょう。

素直に、犯してしまった罪、すなわち「保身」を認め、謝罪する他に、その術はありません。

上司の謝罪は部下の心を確実に動かします。

ほとんどの部下がそんな上司の姿を見たことがないからです。

筆者の長い会社員生活のなかでも、明らかな過ちを犯して素直に非を詫《わ》びた上司が現れることはついぞありませんでした。

恥ずかしいのか、はたまた威厳が保てないと思うのか。その心中は様々でしょうが、いずれにしろ上司が部下に頭を下げることは稀有《けう》なのです。だから効きます。

「申し訳なかった。あそこはああするしかなかった」と逃げることなく事情を説明し、心から詫びられて、快く思わない部下は絶対にいません。それどころか、上司への信頼を一層強くする可能性さえあります。

さらに「おまえだけには、わかってほしかった」なんて言葉で締めくくることができれば、意気に感じない部下はいないのです。

31 聞きたいのは会社の意見でも部長の意向でもない、あなたの言葉

「この件に関しては、部長の了解もとってあるから」

打ち合わせ中にこんな発言を誇らしげにする課長をよく見かけます。

「常務からの指示があったんで……」

こんな枕詞《まくらことば》を乱発する部長もいます。

ひどい場合は「了解をいただいている」「ご指示で」などと、そこに存在しない上司に対し

て敬語を使い崇《あが》めながら、部下をしたがわせようとする輩もいます。

本人からすれば、上司と連携がとれていると誇示したい、あるいは、その発言に一層の強制力を持たせたい意図があるのかもしれませんが、それを聞かされる部下からすれば、滑稽以外の何物でもありません。自身に力がないことを、恥じることもなくオープンにしているのと同じだからです。

こうした発言に対して部下は、「おまえの意見はどうなんだ」「何をびびってるんだ」と反発を覚えるものです。

大企業においてその傾向は顕著ですが、部下の立場からすると直属の上司の上司とは、案外関係は希薄です。

互いに組織のスムーズな運営を意識するばかりに、その間の役職にある人間を外して交流を持つことに抵抗があるからです。

したがって、平社員からすれば「部長がこうおっしゃってる」といきなり言われても、ピンときません。ましてや意図通りに「部長と一枚岩なんだなあ」「部長が言ってるんだから、何がなんでもやらなきゃ」などと感心したり、意気に感じたりするわけがないのです。

役職のない社員は課長を、課長は部長を。どんな立場にある人間も、常に顔色を窺っている相手は、やっぱり直属の上司です。そして、その直属の上司がどういう志向を持ち、次に何をしようとするのかには興味があります。でも、直属の上司の上司が何を考えているのかまでは、気がまわらないのが現状なのです。


上司の威光を借りた発言と同様に部下が反発を覚える文句に「個人的には……」があります。「俺はいいと思うけど、会社的にはどうだろう?」「俺は違うと思うけど、誰かに聞いてみたら?」と言っているのと同じで、これまた無責任極まりない発言です。

会議などで、突然発言を求められた若手が口にするならいざしらず、上司としては絶対に口にしてはいけない文句でしょう。

お伺いをたててきた、あるいはぶつかってきた部下が、他の誰でもなく上司であるあなたの意見を知りたがっていることを、忘れてはいけません。

説得を試みる際に、そこにいない第三者の力を持ち出すことは、ある意味、卑劣な手段なのです。

だからこそ、上司が部下に指示を出す時は、誰かに言われたのではなくて、あくまで自身の信念に基づいていることを感じてもらう必要があります。

たとえ、そうではなかった場合でもです。

当然、部下の働きが指示通りのレベルに達しなかった場合には、その責任を負わなければなりません。

まさか、「おまえの失敗は部長の顔を汚すことになるんだぞ」などと、ここでも上司の威光を借りる人はいないでしょうが。

会社で居心地のいい場所を確保するためには、自身の存在を周囲に明確に認識してもらうことが必要です。そのためには、少なくとも部下に対しては自身の言葉で、自身の考えをはっきりと伝えなければなりません。

評論家であってはならないということです。

当事者意識を常に持って、部下の失態のケツはすべて持つ覚悟で臨まなければ、彼らは絶対についてきません。それればかりか、同時に自身の存在意義までが失われてしまうことを、よくよく肝に銘じてください。

32 携帯電話を使って、心を込めた会話のやりとり

元来日本人は、思っていることをストレートに口に出すことが苦手な民族です。

アメリカ人は「I　LOVE　YOU」なんて言葉も躊躇することなく口をついて出てくるようですが、「愛してます」の一言を、一生のうち一度も使うことなく生涯を終える日本人は

相当な数に上るでしょう。

　我々の心のなかに脈々と受け継がれてきた、謙虚で控えめであることを美徳とするＤＮＡによるものでしょうが、こと会社組織の運営においては、この志向が大きな障害になることがあります。上司がはっきりと口にしないために、考えていること、こうしてほしいと思っていることが部下に明確に伝わらない不都合が生じるのです。


　とりわけ昨今、個々の価値観があまりに多様化し、そもそも社員一丸となって一つのベクトルで進んでいくことが困難を極めるなか、その不都合は取り返しのつかない事態を招きかねません。

　１９８０年代半ばにも「新人類」なる言葉が登場し、それまでと価値観が違う若者の登場に大人たちは戦々恐々となりました。ただその際はほどなく訪れたバブル景気により、価値観は自然と均一化され、その危惧は忘れ去られることになります。

　ところが、この「失われた20年」（安定成長期終焉後、１９９１年から始まる約20年間の日本経済低迷期を指す）の間に大事な思春期を過ごした今の若者の現状は、当時とは全く比較になりません。

　幸せの基準も、生きる上でのプライオリティも、これまで世間を牽引《けんいん》してきた世代とは１８

0度違うといっても言い過ぎではないくらいに劇的に変化しているのです。

ここまでくると、嘗ての新人類のようにやがてその価値観が均一化されていくことは、まずありえないと思います。


大学卒業後、せっかく入社したにもかかわらず、わずか3年のうちに、その3割が会社を辞めていく「3年3割」と呼ばれる現象はその事実を物語る最たるものでしょう。

実際、各企業はこの現象をなんとか食い止めようと躍起になっていますが、適切な手段が未だ見つかっていないのが現状です。彼らの志向について、本質的な理解がなされていないのですから、この傾向はしばらく続くことになるのでしょう。

当然、嘗てのような「俺の背中を見ておけ」的な掌握術なんて通用するはずもありません。価値観の違う人間の背中なんて、今の若者は土台見る気がないのです。

こうなれば苦手意識を持っている場合ではなくて、思いついたこと、気になったことは頻繁に部下に直接伝えるしかありません。

「こんなこと、いちいち言わなくてもいつかわかるだろう」と面倒に思う気持ちもわかります。でも、放っておいたところで、彼らが自発的に改善してくれる可能性は極めて低いのです。彼らの価値観は、我々の理解の全く届かないところに存在していますから。

まります。

「おまえを頼りにしている」といった、日頃から潜在している肯定的な感情についてもあてはまります。

俺の態度を見ていたらわかるだろうなんて、横着が許されるはずもなく、明確に伝える必要があるのです。

「そんなこと、恥ずかしくて言えない」「どうして部下をそこまで持ち上げなければならないのか」と抵抗のある方も多いでしょう。

そんな方にお薦めなのが携帯電話のメールです。

メールだと、心の内をさらすことは比較的容易です。

口頭で「好きです」とは言い難《にく》いですが、メールだとそんなに躊躇うこともなく打ち込むことができます。とても口にできないような大胆な言い回しだって、平気でしょう。

不思議なものです。

このメールを使って、部下に思いの丈を綴るのです。メールのやりとりは、いかなる第三者も入り込めない、二人だけの閉ざされた世界です。その一言、一言には重みがあって、部下だって必ず真摯に受け止めます。自身のためにわざわざ時間と手間をかけてくれたんだという感謝の気持ちだって芽生えることでしょう。

また、口頭だと一方的にこちらがしゃべって終わりなんてことが起こりがちです。これでは理解されたのか、されていないのか、かえってフラストレーションが溜まる事態になりかねません。ところが、メールだと相手もその心情を吐露しやすいために、返信があります。価値観が違うとはいえ、上司からのメールを放置したままにする無礼な部下はさすがにいないでしょう。

長々と綴る必要はありません。ただし、言葉には思いを込めてください。

世代を超え、価値観を超え、その思いは必ず伝わるはずです。

第三章　組織人としての誇りと果たすべき義務

――堂々と会社に居座り続けるためには、果たさなければならないいくつかの義務があります。それらを躊躇うことなく全うしない限り、会社にあなたの居心地いい場所を確保することはできないのです。

㉝ 自社株を保有することの意味

上場会社の経営者にとって、自社株の動向はいつだって最大の関心事です。市場の透明性が保たれ、「株価＝株式市場からの自社に対する正当な評価」となった昨今、当然でしょう。その価格は、言ってしまえば経営者の通信簿みたいなもので、場合によっては責任をとらされることもありますから、そのなりゆきは気になって仕方ありません。物言う株主も増えてきているので、株主総会前は一層その動きにナーバスになります。

社長がそうなのですから、社員も、その株価に一喜一憂する姿勢を求められます。仕える身として当たり前のことです。たとえば上司から、「おい、昨日の株価いくらだっけ？」と聞かれ即座に答えられないようでは、社員として失格なのです。したがって、パソコンやケータイを使って、自社株の動きを常にチェックする習慣を身につける必要があります。

朝、会社に行ってパソコンを開き、ヤフーニュースをチェックするより先に、まずは昨日の終値を確認する癖をつけるなんていいかもしれません。

あなたの会社の株価は、取引先も相当な関心をもって見守っています。推移状況次第では、仕事のやり方に変化をもたらすからです。大きく株価が下落したりしたら、その原因を調査し、場合によっては取引を縮小しようとする事態もありえるでしょう。

ゆえにちょっとした会話のなかで、自社株の動きに興味がないなんて知られると、その後の対応に影響が生じるかもしれません。「この人を相手にしていて、大丈夫か」と疑問を持たれるからです。

さて、多くの会社では、持株制度が導入されています。毎月の給料から一定額が天引きされ、自社株購入に充てられるシステムです。なかには福利厚生の一環として、その額に応じて会社側から一定の割合の補助金が出る場合もあります。

そうまでして会社が社員に株を持たせようとするのは、一人でも多くの安定株主を確保したいからに他なりません。安定株主の増加は、外敵から会社を守ることにつながることは皆さんもおわかりだと思います。

総じて株を買うという行為は、金銭的な損得で判断される傾向にあります。この傾向はとくに若い世代に多く見られるようです。誰だってお金は欲しいですからその気持ちもわからないではないですが、こと自社株に関しては、この感覚を捨てなければなりません。

マネーゲームの一環としてあなたの会社を狙う乗っ取り屋や外資のファンドからその身を守るために、会社は一丸となって立ち向かっているのです。そんななか、あなただけが例外として認められるわけがありません。もちろん市場で日々売り買いされている株ですから、その価格は変動します。あなたの大切なお金が目減りしてしまうことだってあるでしょう。でもたとえそうなっても堪えてください。そうならないために、目の前にある与えられた仕事を懸命にこなすのです。一人だけリスクを回避しようなんて発想が許されるはずもありません。ましてや持株制度は、一度に多額でなくていいから、毎月できる範囲で外敵からその身を守るために協力してくれ、という制度です。

拒む理由なんてないでしょう。何より投資したことで、自社株の動向にも敏感になります。

では、持株制度に参加していない社員は、上司や経営者の目にはどう映るのでしょうか。

組織に貢献するという義務を果たしていないわけですから、会社へのロイヤリティを持っていない奴と見なされてしまいます。ひいては、秩序を乱す危険分子という烙印《らくいん》を押される可能性だってあるでしょう。

筆者は、部下の持株制度への参加状況を、詳細に把握している管理職を何人も知っています。もちろん彼らはそのデータを、どの部下が本気で会社に骨を埋《うず》める気でいるのかのバロメーターにしているのです。人事異動や昇格を考える上で、微妙に影響を及ぼす可能性は否定できません。会社の存続に対して非協力的な社員が、会社内で優遇されようなんて、あまりに虫が良すぎる話です。

一方で、せっかく持株制度を利用して所有した株を、株価が上がったのを機に売ってしまい、利益を得ようとする人がいます。もちろん、マイホームの購入や子供の学費のためなどやむをえないケースもあるようですが、基本的には感心できる行為ではありません。前述したように、こと自社株に関しては、金銭的な損得勘定を捨てるべきです。社員として働かせてもらうための、言うなれば年貢だと理解し、退社するまで持ち続けるのが理想的な姿です。

余談ですが、少しでも生活を楽にするため必要に駆られて、あるいはギャンブル好きが高じて、株式投資に熱心な方がいます。もちろん、その行為自体は個人の自由ですが、他の社員に知られることは慎むべきです。

理由は二つ。

一つは、儲かった場合にも、ひがまれるだけであること。支給されている給料だけで生活しているという認識を、他の社員から持たれることは意外に大切です。たとえば親からもらったマンションを所有していて、その家賃収入があるなんて場合も、なるべくなら他言するべきではありません。

二つ目は、株式投資にはリスクが伴うために、話に尾ひれがついて、お金にルーズだとか、生活が荒れているなんて噂がたちかねないということ。会社人生を全うするには、慎ましく、皆と同様の与えられた金額の範囲で生活している印象を持たれることが殊の外重要なのです。

34 同じ釜の飯を食ってこそ連帯感は生まれる

最近、様々なメディアにより、大企業の豪華すぎる社員食堂の様子が度々報道されています。ビュッフェ方式で、和洋中のメニューが各々揃えられていたり、寿司職人が常駐しているなんてところもあるようです。これで価格は300円～800円が相場というのですから、全く羨ましい限りです。なかには無料のところもあると聞いたことがあります。さぞ昼食の時間が待ち遠しいことでしょう。

しかし、こんな恵まれた環境で働いている人は、ごく一部です。多くの社員食堂ではご飯と味噌汁《みそしる》におかずが1品付いて、あとはお新香2切れといったメニューが一般的。もちろん味もイマイチ、いやイマニ、イマサン……。どうすれば、こんなまずいモノが作れるのかと悪態の一つもつきたくなってしまいます。

したがって何かしらの理由で、経済的に余裕のある人は社食を利用することを躊躇いがちです。仕事で肉体的、精神的に疲労しているのですから、少々自分の懐を痛めても、昼食くらい美味しい食事にありつきたいと思う気持ちもわからないではありません。でも、ここでそんな欲望をぐっと抑えて、同じ釜の飯を食うのが、会社員としてあるべき姿なのです。一人だけ抜けがけするなんて許されません。

筆者が以前勤務していた会社で、社員食堂に関するアンケート調査が実施されたことがあります。あまりにも味がひどいと一部の社員が声を上げ、応じた人事部から「50円程度の値上げが可能であれば美味しくできるが、値上げにあたっては本社勤務全社員の過半数以上の賛同が必要」との回答があったのです。

結果は圧倒的多数で、値上げ案が否決されました。

値上げするくらいなら、今の味で我慢するとの意見が大多数を占めたのです。

この結果、皆さんはどう思われますか？

たかが50円で美味いものが食べられるのなら、その方がいいと思われる方もいらっしゃるでしょう。でも、その感覚は一般的にはずれています。たかが50円、されど50円なのが世間一般のサラリーマンの金銭感覚なのです。

前章でも触れましたが、日本人サラリーマンの月の平均小遣いは収入の約8パーセントです。ちなみにこれは世界のなかでも、最低の水準にあります。アメリカは12パーセント、イギリス

19パーセント、中国に至っては35パーセントもあるそうです。大国としてのプライドを持ち続けている我々からすれば、なんとも受け入れがたい哀しい現実です。

話を戻しましょう。

つまり我が国のサラリーマンは、500万円程度の年収であれば、月の小遣いは3万円強ということになります。毎月の労働日数を20日とすれば値上げ分は1000円ですから、50円の値上げなんて認められないという理屈も十分理解できます。

皆、大変なんです。なんとか、やりくりして必死に生きているのです。そんななか、一人だけこそこそと贅沢するなんて許されるわけがありません。

組織のなかでは、違う価値観を持っていたり、その結果、皆と同様の行動に踏み切れないものは、やり玉にあげられる傾向にあります。

発端は大概妬みですが、その妬みに尾ひれがついて社内中を駆け巡り、ひいては秩序を乱す危険人物としてのレッテルを貼られてしまうのです。

とくに食物の恨みは恐ろしい。一人で美味しいモノにありついていたりすると、「あいつは金があっていいよな」から始まり、「給料以外にも、収入があるらしい」なんて噂になって、最後は、「取引先にお金をプールしてもらってるらしいぜ」なんて根も葉もない作り話が出来上がってしまうケースだってあるのです。

決して大袈裟な話ではありません。

皆生きていくために必死であるがゆえに、他人の足を引っ張ろうとそのあら探しにご執心な輩が組織には数多く存在します。彼らは、どんな些細なネタも決して見逃しません。そしてその小ネタを呆れるくらいにあらぬ方向へどんどん膨らませていきます。本人が全く気がつかないうちにです。

誰だって社食の飯はまずいと思っています。せっかくのご飯の時間だというのに、その度に憂鬱な気分に浸っています。組織人として、その気持ちは共有しなければなりません。

社食なんて会社にないという方も数多くいらっしゃると思います。そんな場合でも昼食は必ず、会社の誰かと一緒に食べてください。食事の時間くらい一人になって、あるいは社外の人と一緒に食べて、仕事のことは忘れたいと考える人も多くいるでしょう。

しかし、それは間違っています。会社員は、一旦会社に着いたら、帰宅するまで仕事のことを完全に忘れるなんて許されないのです。

人間とは不思議なもので、同じ物を口にしていると妙な連帯感が生まれてきます。この連帯感は、組織のなかで自分の居場所を作るためには必要不可欠なものです。

社食のある方は、とにかくそこを利用してください。ない方は、上司あるいは同僚に言われるがままに付いていって、食事を共にしましょう。同じ釜の飯を食うとは、本当に同じ物を食べるということなのです。

35「出世なんてしたくない」は背徳的発言

「偉くなんてなりたくないから、今の仕事をずっとやりたいんだよね」

なんて平然と口にする人をよく見かけます。本音であるかどうかは別にして、なんだか一匹狼風で格好よく聞こえるものです。もちろん照れ隠しもあるでしょうが、とくに女性の前では言ってみたくなる気持ちもわからないではありません。

ではこの発言を、経営者や上司が耳にしたらどう思うのでしょうか。

会社は公言しないながらも、社員に対して絶対的な忠誠心を求めます。言うなれば文句一つ言わず、自分たちの意のままを受け入れ、馬車馬のように働く社員を求めているのです。

また組織は、誰がどの部署にいても円滑に機能しなければなりません。人事異動の結果、うまく仕事が回らなくなったなんてことはあってはならないのです。代わりの人間はいくらでもいる、これこそが組織の理想的な姿であり、会社はそんな組織を実現させようと日々努力しています。

前述したような発言をする人は、概して、自分に自信があります。

「この仕事では誰にも負けない」

「俺がこのセクションからいなくなったら、きっと会社は困るだろう」

そう高をくくっているのです。

そんな彼らが、会社の意向にはそぐわない人種であることは明らかです。

出世に興味がないなんて、上司や役員が耳にすれば、自分たちのことをバカにしていると解釈するでしょう。ポジションに興味がない、魅力がないというのは、「あなたたちみたいにはなりたくない」と言っているのと同じですから。

「こいつ、そのうち会社を辞めるかもしれないな」と警戒される可能性だってあります。現在、それなりのポジションを得ている人は、コツコツと努力を重ねてきたはずですし、今だってその多くはさらに上を目指して、邁進しています。

そんな彼らに「偉くなりたくない」なんて発想は微塵もないのです。もちろん自身の限界を感じて、諦めてしまっている人はいるでしょうが。それでも、あわよくば、とは思っているものです。

したがって、偉くなりたくないという部下の発想は理解不能ですし、「ならば近いうちに会社を辞めるつもりなんだろう」と考えるのです。

部下が会社を辞めれば管理職としては減点されますし、辞めるのが技術職、研究職であれば、会社の知的財産を外部に持ち出される危惧さえ生まれます。

「出世したくない」がいかに不用心な発言かおわかりかと思います。

今の仕事ができれば……なんて発想も自分勝手すぎます。組織の理屈からすれば、わがまま極まりないと言わざるをえないでしょう。どこの部署へ行っても、どんな仕事を任せても、平均的に貢献してくれるオールラウンドプレイヤーを会社は好みます。スペシャリストなんて必要ないのです。

実は筆者は、以前勤務していた会社で、中途入社以来ずっと宣伝部員として働いていました。比較的特殊な能力を求められるセクションで、これほどの成果を上げられるのは社内を見渡しても俺しかいないと自負していたのです。そしていつしか、その長を目指すようになっていたある日のこと。当時の部長から、他のセクションへの異動を打診されました。

「これから会社で上を目指していくなら、一度他の部署を見ておく方がいいぞ。俺だって、人事、営業を経験して、今のポジションがある。一度宣伝部を出て、また戻ってくればいい」

未熟だった筆者には、その理屈が理解できませんでした。それどころか、この人は俺のことを煙たがっていると勘ぐってしまったのです。目障りな者は追い出して、少しでも長く今の地位にすがりつきたいに違いない、なんて穿った考えも脳裏をかすめました。

全く、浅はかでした。今思えば、本当に恥ずかしい限りです。

組織の理想、つまり会社が目指している姿に、一人の人間が同じセクションで永久に働き続けることは符合しないわけですから。

現状の仕事にはまりすぎて、マネージャーではなくプレイヤーであり続けることを志向する人は意外に多い気がします。

「人の上に立って管理するなんて面倒そうだし、だったら地位もお金もいらないから、今の仕事をやっていたい」

この発想は理解できますが、公言するべきではありません。組織の一員である限り、自身の心にそっと忍ばせていてください。

言われた周囲は、「なに格好つけてんだ」「いいよな、仕事ができる奴は……」と不愉快な思いになったり、嫉妬心に駆られるだけです。そもそも、思うような部署に配置されていない人が社員の大半なのです。

組織に、一匹狼は不要です。ある分野の突出した能力など必要なくて、どの部署でも結果の残せる能力と人格が求められています。

またその役割を定期的に交換し合って、互いの苦しみ、悦びを共有し合うために、人事異動が存在することを忘れてはいけません。

36 「まあ、いいか」と思わずに少額経費を精算する

山手線の初乗りは130円。東京メトロは160円。

東京都内、もしくはその近郊に勤務している会社員の方なら、当然ご存知でしょう。

近頃では電子マネーなる便利な代物が普及して、いちいち切符を買うなんて面倒な手間はなくなりました。そのため切符売場で、掲げられた路線図を眺めながら運賃を確認する人を見かけることは少なくなりました。

それでもコマメに経費精算をしている会社員には、頻繁に利用する路線の運賃が頭に入っているはずです。定期的に、きちんと経費精算をする癖をつけていれば、特段意識していなくても自然と覚えてしまうものです。

ところが、この電車移動の経費精算を疎かにしているばっかりに、「初乗りの料金なんてわ

からない」とうそぶくサラリーマンを散見します。細かいことに頓着しない大きな器量をアピールしているつもりかもしれませんが、ちっとも胸を張れることではありません。

疎かにする理由は大きく二つあると思います。

一つは、面倒だから。

新幹線や飛行機を利用しての遠距離間の移動経費、あるいはタクシーを利用しての金額に比べて電車の運賃はどうしたって少額です。会社によって精算方法はまちまちでしょうが、その手間の割に返ってくる金額が少ないと考えるのでしょう。

二つ目は、後ろめたいから。

わずかとはいえ、経費を使っておきながら成果を上げられなかった場合に、「経費を請求するのは申し訳ない」と考える人は、意外に多くいるようです。得意先との間を何度も往復したことにして、水増し請求するとんでもない輩が存在する一方で、信じられないような謙虚さですが、確実に実在します。

「会社のことを思う、真摯なサラリーマン」だと賞賛する人もいるかもしれません。理にかなっていると、少なからず肯定的な捉え方をする人もいるでしょう。

でもその考え方は明らかに間違っています。

事情の如何にかかわらず、たとえ少額であっても、使った経費はきちんと精算するべきなのです。

たとえ10円単位であっても、多くの社員が使った経費はきちんと会社に請求をするにもかかわらず、それをしない社員は同僚の目にはどう映るかを考えてみてください。

「きっと、面倒くさいんだろうな」「仕事が忙しくて、それどころじゃないいんだろう」などと思ってくれればいいのですが、あまりに度重なるようだと、「金銭的に余裕があるんだ」と穿った解釈をされるのです。結果、妬まれたり、根も葉もない噂を流されてしまいかねません。

みんなが当たり前にしていることをしないのは、組織のなかでは目立つのです。周囲はその異分子を決して見逃してはくれません。

まずはその理由を推察するでしょう。そして、適当な結論に達しない場合、誰かに意見を求めることになります。相手は当然、社内の人間です。この場合、「伊藤さんて、全然経費精算しないんだけど、実家がお金持ちなの?」なんて話から始まり、結婚式がやたらと派手だったらしいなんて取るに足らない手がかりから、父親が相当な資産家であるなんて結論になりかねません。その後、その結論が悪意となって、社内中を飛び交うことは容易に想像ができるでしょう。

以前、筆者が勤務していた会社に、田中という苗字《みょうじ》の女性が入社してきました。

彼女は卒業旅行でハワイに行ってきたとかで、真っ黒に日焼けして入社式に現れたのです。

その噂は瞬く間に社内に広がり、壮大な伝言ゲームが繰り広げられた結果、筆者には「とんでもないお嬢様で、社長のコネ入社。どうやら田中角栄の孫らしい」との情報が寄せられました。ところが、後に彼女と仲良くなって、直接話を聞いたところ、出身は大阪で、実家はクリーニング屋。田中角栄とは縁もゆかりもなかったのです。

周囲と違う行動をとれば必ず良からぬ噂のターゲットになる。これが会社です。

精算の件数が少ないと、「こいつは本当に仕事をしているのか」と上司に疑問を持たれてしまう可能性もあります。「動いていないから、結果もでない」と判断され、当然評価は下がるでしょう。

たかが130円ですが、されど130円なのです。

使った経費は、手間を惜しまず、きっちり会社に請求してください。

山手線初乗り料金130円があれば、立食いうどん屋で素うどんが天ぷらうどんになりますし、牛丼屋では卵を2回もつけられて、さらにお釣りがくるのです。会社員にとって、決してバカにできる金額ではないはずです。

37 人が死んでいるのに横着してる場合じゃない

先日、大学時代の友人S氏からぼやかれた話です。

氏はひと月ほど前に最愛の母を亡くし、お通夜、告別式、初七日などを滞り無く済ませて、一段落ついたところでした。

「葬式の時ってさあ、もちろん悲しいんだけど、参列してくれてる人の顔を眺めながら、あっ、あの人は来てくれた。あいつは来ないんだあ……なんてことばっかり考えてるんだよなあ」

「えっ、そうなの?」

「うん。ある意味、お通夜や葬式は試金石だったよ。俺のことを本当はどう思ってくれてるかのさ。だからさあ、いちばん腹立たしかったのが、参列しないくせに、香典を誰かに託した奴。なんか、体裁だけ整えられている気がして、むかついちゃったよ」

言われて、妙に納得した次第です。もちろん、筆者の過去に思い当たるような経験があったからに他なりません。

お通夜、告別式は、故人がよほどの有名人でもない限り、比較的都心から離れた場所で執り行われることが多いかと思います。東京の場合、勤務地から片道1時間以上かかるなんてこともざらでしょう。したがって、平日であったりすると、会社員はその日の夕方以降の業務を停止せざるをえません。故人の遺族が悲しみに包まれているなか、無礼を顧みずにいうと、参列する人には相当な負担がかかることになります。

もちろん故人本人と面識があり、交流があったとすれば、それらの負担に抵抗を感じる人はいないでしょう。何を差し置いても駆けつけて、心からの合掌を捧げたいと思うはずです。

問題は、関わりある人の家族が故人であった場合です。

たとえば直属の上司のご両親。このケースはおそらく部員あるいは課員が総出でお通夜から告別式まで手伝うことになるはずですから、あれこれ考えるまでもないでしょう。

では、隣の部の部長の父親が故人だったら……。

この部長には日頃から、そこそこ世話になっていると仮定します。

ところが、その父親とは全く面識がありません。

当然、隣の部署ですから、葬儀の手伝いに駆り出されることもなく、参列するかしないかは本人の意思に委ねられることになります。

さて、どうしますか？

前述した筆者の友人の話にもあったように、このケースでとるべき正しい行動は2パターンに限られます。

一つは、通夜もしくは告別式に参列する。

もしくは、いずれにも参列せず、後日会社で「この度はご愁傷様でした」という言葉を添えて、香典を本人に直接渡す。

間違っても同僚に「お通夜行く？　行くんだったら、俺はちょっと行けそうにないから、香典持っていってくれない？」などと無精をしてはいけません。

体裁を整えることは、それが相手にばれてしまった時点で、逆に大変な失礼にあたります。ばれるくらいなら、最初からやらない方がいいのです。

「こんな忙しい時に、死なないでくれよ。でも、部長には世話になってるし、知らん顔するわけにもいかないしなあ……。とりあえず、香典だけ持っていってもらうかあ」

そんな心の内を、告別式会場で待つ部長は確実に見透かすことになるのです。

会場での部長は、父親を亡くし、精神的に弱っているからこそ、神経質になっています。自身のことを誰が慕ってくれていて、誰がそれほどでもないのかを、参列者の姿を見ながら確認しているのです。

やがて、つつがなく次第が終了し、香典を整理しているところで、香典袋に参列していなかったはずの人の名前を見つけたら、どう思うでしょう。

「お金だけで、体裁整えやがって……」と苛立つに決まっています。自身が参列する手間を省かれ、とりあえずお金だけでその場を収められてしまう程度のポジションでしかないことを、思い知らされるからです。

これでは傷口に塩を塗り込んでいるのと同じでしょう。貴重な5000円なり1万円が、全くの無駄金になってしまいます。

相手が弱っている時こそ、その対応は慎重を期すべきです。横着をして、手間を省いてはいけません。丁寧に丁寧を重ねても、やり過ぎであることはないのです。

当然、その誠意が相手に伝われば、その後の関係は一層良好なものとなります。相手が普段以上に恩に着るからです。

少し不謹慎ながら、社内で居心地のいい場所を確保するために、こんな絶好の機会を逃す手はありません。

38 社内恋愛は短期勝負

筆者は社内結婚肯定派です。

同じ会社にいれば、平日は毎日顔を合わせるわけで、お互いの生活環境や志向、はては懐事情までしっかり把握できることになります。したがって、いざ同じ屋根の下で暮らすようになって「えっ、そうだったの？」と知り得なかった一面を見せつけられ愕然《がくぜん》とする確率は低いと考えるからです。

何よりめでたく結ばれた二人には、周囲が親しみを感じるでしょう。配偶者の顔がはっきりと見えているので、安心感を持つのです。「あの人を好きになった」という事実が、上司や同僚との距離を縮めることに必ず一役買ってくれます。

別の章で、プライベートはどんどんさらけ出すべきと指摘しましたが、同じ理屈です。

会社にしがみついて生きようとする志向には、この上ない環境をもたらしてくれるに違いありません。

ただし結婚に至るまでの過程では、細心の注意を払う必要があります。

社内の誰かと付き合っているという事実は、それが実を結ぶまではタブーな行為として捉えられがちです。

たとえば、同じ課に属している者同士で恋愛が始まったとしましょう。

それを二人の上司である課長がひょんなことから耳にしたとします。おそらく課長は、男性社員に対しては「仕事もせずに女にうつつをぬかしやがって」といった感情を少なからず抱きます。相手の女性がかわいかったりすれば、ちょっとした嫉妬すら覚えるものです。

当然、相手の女性についても、「それはよかった」なんて好意的な感情を持つはずもなく、仕事に恋愛を持ち込んだとして、むしろ嫌悪感を抱いてしまう可能性は高いでしょう。しかし、そんな感情も結婚を境に一転し、祝福する気持ちになるのですから（正確にいうとならざるをえなくなる）、不思議なものです。

したがって、社内恋愛については、短期勝負に限るのです。だらだらと長期間に亘れば、周囲に知られてしまう確率は高くなりますし、結果的に敵をどんどん作る事態を招いてしまいます。

さらに、散々引っ張って、挙句に別れるなんてことになってしまったら、最悪です。男性は煮え切らなくて、決断力がない奴というレッテルを貼られますし、女性にいたっては、たとえ仕事ができる能力があっても、人としての資質に問題があるのではという疑念すら抱かれかねないのです。

以前、地方銀行の人事部に勤務する友人から、こんな話を聞いたことがあります。

その銀行で部長クラスの若返りを図れという頭取からの指示のもとに、30代後半の人材から抜擢《ばってき》人事をすることになったそうです。最終的に二人に絞られたのですが、双方に一長一短があって決めかねているなか、結局、人事部長の鶴の一声で決定が下されました。

後に友人が人事部長にその理由について尋ねてみると、昇格を見送られた方には少し人間的に問題があるといいます。なんでもその彼は、以前社内恋愛を2回していて、いずれも破局を迎えたというのです。しかも相手の女性の一人はその人事部長の部下だったらしく、「あんないい子を袖にするなんて、ろくな奴じゃないよ」と真顔で言ったといいます。

こんな話を引き合いに出すと、社内恋愛に及び腰になる方もいらっしゃるかと思いますが、成就すればなんの問題もありません。ただし、その破局の際には相当のリスクを背負う可能性があることは頭の片隅に置いてください。

だからこそ、短期勝負なのです。

短期であれば、なかったことにだってできます。万が一誰かに指摘されても、平然としてしらばっくれればいいのです。男寄りの解釈だという声が聞こえてきそうですが、決してそうではなくて、女性にとってもその方が傷口は浅くて済みます。

とにかく社内恋愛は、付き合いを始めたら、すぐに結論を出すべきです。すぐにとは、長くても6ヶ月くらいと考えます。それ以上付き合った場合、その間、窮屈な会社生活を強いられる上に、成就しなかった暁には、重い十字架を背負う結果となることは否めません。

39 取引先の方が内部事情に通じている

会社の人事情報を、自分より先に取引先が知っていたなんてことはよくある話です。

別の章でも触れましたが、会社間の取引の際に、相手の会社事情を深く知ろうとするのはごく自然な危機管理意識です。とくに発注される立場であれば、未来永劫に亘って、取引を継続させたいと考えていますから、その傾向はより顕著になります。

なかでも人事情報は、取引に多大な変化をもたらすかもしれない貴重な情報ですから、あの手この手を繰り出して、より正確に把握しようと必死になるものです。

高じて時には、取引先の意向が相手の会社の人事に影響を及ぼすこともあります。

筆者が以前籍を置いていた広告業界では、クライアントの意向によって広告代理店の人事が目まぐるしく変わることは日常茶飯事でしたが、時にその逆の現象も起こりました。

知人から聞いた具体的な例で説明しましょう。

ある衣料メーカーでのことです。人事異動があり、営業部門からA氏が宣伝部長に着任しました。氏は長年宣伝への異動を希望していて、ようやく念願かなったのです。

半年ほどが経って仕事に慣れてきたA氏は、どうしても自分のカラーを打ち出したくなりました。そのためには、まず前任者のやり方を否定しなければなりません。手っ取り早い方法は、これまでメインで取引していた広告代理店Dを、別の代理店Yに替えることだと考えた彼は、早速準備を始めます。

準備とは自社の宣伝業務に関わっている人たちへの根回しです。通常、広告代理店とクライアントの関係は、マーケティングに関するパートナー的な位置づけですから、変更するにあたって、さすがに勝手はできないと考えたのです。

ところが、その動きを素早くキャッチした広告代理店Dは、早速懇意にしていた社長のもとへと走り、こうささやいたのです。

「最近担当になられたAさん、Y社さんと色々、懇意にお仕事されているようで。ただコスト的にどうなんでしょうかねえ」

「コスト?」

「あんまり言うと、陰口を叩いているみたいなんですけど、うちの方がスケールメリットでどうしてもコストは安くなるんですよね。その辺を、社長の耳にだけは入れておいた方がいいと思いまして」

結果、不安になった社長の一言で、A氏は野望を打ち砕かれたばかりか、たった1年で宣伝担当者から外される憂き目に遭います。その後、今に至るまで、D社のメイン代理店としてのポジションは揺らいでいないそうです。

D社が直接の担当者のみならず、社をあげて全方位的に営業をかけていたことによる勝利でした。社長に対してまで、相応の地位にある人が日頃からコマメに対応してきたことは容易に想像がつきます。

この例からもわかる通り、会社で居心地いい場所を作り上げるためには、社内にばかり目を向けているのではなくて、社外のフォローも疎かにしてはいけません。

会社のために、ひいては自身のためにと必死なのは、読者の皆さんの会社だけで起こっている現象ではないのです。取引先だって、そのポジションが脅かされると感じた途端に牙を剝《む》いてきます。

その対策としては、取引先にも味方を作ることしかありません。ここでの味方とは、腹を割って話し合える相手を意味します。

前述した例においても、A氏がD社の誰かに正直な心の内を明かしておけば、社長のところに駆け込まれる事態は防げたかもしれません。もちろん氏の思い通りに進む可能性は低くなりますが、念願だった宣伝担当を外されるという最悪の事態は防げた可能性は高いのです。おそらくD社は「お気持ちもわかりますが、多分うちの上が御社の社長のところにお願いにいきますよ」と忠告をくれたはずで、そうなればA氏だって身の危険を感じ、相応の対応をしたことでしょう。

外部に味方がいれば、会社における自身の正確なポジションを把握することが可能になります。外部の人もまた、自身の会社の利益のために冷静にパワーバランスを見極めているからです。

悲しい現実ながら、社内にはその地位を脅かそうとする敵は多数存在します。ポストの数に限りがあるために、仕方のないことです。心を許し合えているつもりでも、内心では快く思っていなかったなんてケースは往々にしてあります。

その一方で、取引先は事を荒立てない限り、足を引っ張ってやろうなんて発想はありません。常に友好的な関係を望んでいますし、逆に全く同じ発想で社外に味方を求めているのです。互いの利害が一致しているのですから、こちらから心を開きさえすれば、それを拒まれる理由はないはずです。

40 弱みにはつけ込んで、後々に備える

左遷……。嫌な言葉です。自分だけは絶対にそんな目に遭いたくないと、会社員ならみんなが思っています。

左遷の憂き目に遭う原因は大きく三つが考えられます。

①社に多大な損害を与えるような致命的なミスを犯した。

②トップあるいはそれに準ずるポジションの人が交代し、それまで厚遇を受けていた人たちが一掃された。

③権力争いにより、陥れられた。

①の場合、これはもう甘んじて受けるしかありません。真摯に状況を受け止めて、解雇されなくてよかったと前向きに捉えるくらいの心意気が必要です。難しいことは思いますが、長い会社人生で、ずっと順風満帆な状況が続くなんてことはありえません。時間が経てば、必ず笑い話になりますし、一人のミスで会社に甚大な損害を与えるなんて、裏を返せば重要な役割を与えられていた証拠ですから、開き直ることが大切でしょう。

②③に関しては、いつか必ずチャンスは巡ってきます。その確率は①の理由で左遷された場合よりも遥《はる》かに高いはずです。

会社の状況はまさに政界さながらに、刻一刻と変化しています。CSR（Corporate Social Responsibility：企業の社会的責任）が取りざたされ、あらゆるステークホルダーに対しての責任が生まれている昨今、人事的体制が未来永劫に変わらないなんてことはまずありえないのです。

したがって、信じた人の背中を追い続けていれば、その人物を見誤っていない限り、必ずいつかは報われます。報われないのは、状況に応じて勝ち馬に乗ろうとする輩です。政治家と違って、報われない時にも、給料は保障されているのですから、決してぶれることなく、じっと時が来るのを待つ姿勢が求められます。

さて一方、この項で論じたいのは、左遷の憂き目に遭った人たちへの対応についてです。筆者にも経験がありますが、左遷人事を受けた本人には、どう接していいのか戸惑うものです。悪い知らせに限って、知らぬは本人だけという状況は往々にして起こりますから、彼らにとってはまさに青天の霹靂《へきれき》であり、その落ち込む姿にかける言葉が見つからないのです。

しかし、そんな時こそ、どん底に突き落とされている人に救いの手を差し伸べてください。昨日までは上司、あるいは同僚だったわけですから、少なくとも平常通りに接するのが筋でしょう。平常とは、あれこれと詮索することなく、いつもと変わらない心境で接するということです。

それさえ心がければ、「大変ですね」「向こうにいっても、頑張ってくださいよ」なんて言葉が自然に出てくるはずです。

この一言で、弱っている相手がどれだけ救われることか。

左遷に遭った人は、人間不信に陥っています。そもそも人事はコンピューターが決めることではなくて、人の思惑によって決められることですから、自然とその恨みは人に向けられるのです。

したがって知らぬ存ぜぬを決め込んでいると、「俺がこうなってしまったのを喜んでいるんじゃないか」「あいつも俺を陥れることに一役買ったんじゃないか」と穿った見方をされてしまいます。当然、その思いは遺恨となってその後にも残ることとなるでしょう。

前述したように、一度左遷されたからといって、その人の会社人生が終わるわけではありません。会社に籍を置く限り、再び表舞台に返り咲く可能性は高いのです。どの会社でも、確かにポストは不足していますが、それに見合う人材が見当たらないのも実情で、チャンスは巡り巡ってくるものです。

だからこそ、力を失っている人さえも、無視するわけにはいきません。近い将来、味方になって、後ろ盾になってくれる可能性も大いにあるからです。復権した暁に、左遷当時の恨みを晴らす対象にされることは絶対に避けなければなりません。

現在勢いのある人に取り入ろうとするより、弱っている人に良い印象を与えることの方が簡単であることは言うまでもありません。組織の片隅に追いやられ、弱っている人こそ、人の温かみを欲しているからです。

定年を迎えるまでの会社生活において、居心地いい場所を確保し続けるためには、現状を乗り切ることだけを基準に是々非々を判断することは極めて危険です。

その場限りではなく、長い見通しを持ち合わせることが必要であることを肝に銘じましょう。

㊶ 未婚でいる高齢の女性社員は会社の上層部とつながっている

女性の晩婚化の傾向に歯止めがかかる気配がありません。

東京都に限って言えば、30代で30パーセント超、40代で約20パーセント、50代でも約10パーセントが未婚にある状況です（都道府県別統計とランキングで見る県民性より）。

会社のなかを見渡しても、一般的に結婚適齢期と言われる時期を過ぎた独身女性の比率は年々高まっています。

多くの男性社員からすれば、そんな彼女たちを見るにつけ、好奇心からあれこれ詮索してみたい衝動に駆られますが、同時にコンプライアンス厳守が頭を過ります。度々触れていますようにパワハラ、セクハラについては本人の意識よりも相手の受け止め方次第で処罰の対象となりえますから、下手な言葉をかけるわけにはいかないのです。

したがって腫れ物に触るような振る舞いに終始し、当たり障りのない距離感を保つことに苦心することになります。

でもその関係はまるで綱渡りで、ちょっとした出来事をきっかけに破綻してしまう可能性を大いにはらんでいるのです。

男性の必要以上の気遣いは、彼女たちにとっては不愉快な行為にもなりかねません。

「同情してるんだ、きっと……」

「放っておいてほしいのに」

といった具合でしょうか。

結果、男性側からすれば良好な関係を維持しているつもりでも、実は女性からは快く思われていない場合が往々にしてあります。そして、ふとしたことをきっかけにその感情が爆発してしまうのです。

筆者が以前勤めていた会社で、こんな事件を目の当たりにしました。

部の総務担当だったK女史は当時54歳。独身で、若い頃はさぞモテたであろう美貌の持ち主でした。人当たりもよく、入社間もない筆者にも親切に接してくれたのですが、そのプライベートは謎に包まれていました。なんとなく近づきがたいオーラが漂っていて、周囲も仕事に関する会話しか交わそうとしません。

ところが、クリスマス直前に行われた忘年会の席でのこと。

いい感じに酔っ払った部長が、若い女性社員の一人一人にクリスマスの予定を聞き始めたのです。途端に筆者も含めた男性社員の間に、緊張が走りました。

(部長、K女史にも聞くつもりか……?)

我々の危惧が伝わったようで、部長はK女史を除く女性三人に問いかけた後、一瞬気まずい表情になりました。そこで、K女史は明らかに強張った面持ちになって、いきなり席を立ったのです。

この一件があった半年後、周囲から出世ラインに乗っていると目されていた部長が、関連会社に出向する憂き目に遭います。原因については色々と噂が飛び交うなか、K女史が人事担当専務M氏のところに駆け込んだとの情報が漏れ聞こえてきました。

なんでも二人は20代の頃に恋愛関係にあって、現在も定期的に会っている仲だというのです。結局、真相は藪《やぶ》のなかでしたが、M氏が嘗ての恋人のために一肌脱いだであろうことは、十分に考えられることで、憶測が妥当だった確率は高かったと思います。

「あの人、本当にデリカシーないんだけど」などと訴えられれば、自身だけが会社員として成功した後ろめたさも手伝って、罪滅ぼしのために人事権を発動させたとしても、なんの不思議もありません。

さて、この例を他人事《ひとごと》と済まさず、再認識しなければならないのは、未だ未婚でいる高齢の女性社員は会社の上層部とつながっているということです。恋愛関係にまで至ったケースは特殊ながら、同期だったり、嘗て上司と部下の関係だったなんてことは、十分ありえます。したがってその親近感から、彼女たちが何か事が起きた時にいたたまれず救いを求めることは日常的にあるのです。

一方で、上層部は常日頃から裸の王様にならないために、現場の生の声を把握しておきたいと考えています。かといって、いまさら若手社員に近づいても、正確な情報なんて入手できるはずもなく、だったら嘗て苦楽を共にした女性社員たちを頼りにしようと思うのは、ごく自然な発想です。

では、男性社員は普段から彼女たちとはどう接すればいいのでしょうか。

これは二人きりで話し合う時間を定期的に設けるに限ります。もちろん、アフター5にです。

そこで彼女たちの現状について耳を傾けながらも、こちらの悩みを打ち明けましょう。暗に、自身の不甲斐《ふがい》なさをアピールするのです。

結果、彼女たちのなかにある母性本能がくすぐられ、万一の場合にも、あなたに不利な情報を上層部の耳に入れることはなくなるはずです。

㊷ 総務は女房。バックオフィスに太いパイプを

総務部に代表されるバックオフィスと呼ばれる部署は、企画、開発、営業といった表舞台の職種と比較して社内的には地味な存在です。

企業の使命である利益を生む作業に携わっていないのですから、仕方のないことかもしれません。

ただし、彼らの業務なくして会社が回らないのは紛れもない事実。会社員のそれぞれが業務に打ち込めるのも、バックオフィスで働く人が正確かつ迅速に任務を遂行してくれているからに他なりません。

一方で、入社するにあたって、バックオフィスで働くことを思い描いている人はまずいないと思います。

誰だって、表舞台に憧れ、そこで働く自身を夢見ながら、入社してくるのです。入社面接で「御社の総務部門に興味があります」なんて回答をする学生は、まずいないでしょう。

したがって、希望が叶《かな》うことなくバックオフィスに配属されたり、異動を命じられた人は、誰だって複雑な心境に陥ります。どうせ働くのなら、やりたい仕事に就きたいと思うのは自然

なことで、自分だけが貧乏くじを引かされた気分になるのです。

当然、表舞台で働く人への嫉妬心は膨らみます。

仕事はできて当たり前。しかもその成果は、人の目に触れ賞賛を受けることなどほとんどありませんから、釈然としないのです。

筆者の大学時代の悪友に、希望通りに地元のテレビ局に入社しながら、5年後に報道部から人事部総務課への異動を命じられた者がいます。

報道部といえば編成、制作と並ぶテレビ局の花形部署ですから、その落胆ぶりは半端なく、飲むと必ず「こんなことやるために、この会社に入ったんじゃない」「俺に総務の仕事なんて向いているわけがない」などと愚痴を聞かされたものです。

さらには嘗て籍を置いていた報道部で働く人への不満も溜まっていて、次々と名前を挙げてはこき下ろす始末でした。

もちろん、なかにはバックオフィスの仕事が性に合って、現状に満足している人もいるでしょう。とりわけ人事部への配属は、どの業界においても出世コースに乗っている場合が多いようですから、逆に表舞台で働く人を少し蔑んだ目で眺めている人もいるかもしれません。

でもそんなケースは稀で、多くは、業績に直接寄与することのない仕事に不満を募らせているものです。

同じ組織に属していながら、ただ部署が違うというだけで脚光を浴びる同僚たちを苦々しい気持ちで見つめているのです。

ところが、そんなバックオフィスには、会社員として居心地よく生きていくための情報が豊富に集まってきます。社員が効率よく仕事をし、安心して暮らしていくための施策を決める部署ですから、当然です。そして、そのなかには人事に関する情報などもありますし、今後会社がどんな方向に向かおうとしているのかのヒントが隠されていたりもします。

もちろんこれらは、適宜、様々なツールを使って全社員に共有されていきますが、会社員にとっては聞き捨てならない情報にもかかわらず、日常業務に追われていると見落としがちです。その結果、社内のパワーバランスを見誤ったり、享受できる権利をいつのまにか放棄していたりします。

こんな事態を招かないためにも、バックオフィスに太いパイプを持つことをオススメします。そして彼らと定期的に時間を共有し、情報収集を図るのです。

ただし前述のように、そこで働く人々が精神的に屈折してしまっているケースがあることは肝に銘じておかなければなりません。

自身の仕事内容を誇示するような態度がご法度であるのはもちろんのこと、彼らの仕事を労う姿勢も必要でしょう。

要は、同じ社内ではありますが、バックオフィスに立ち入る際は、得意先を接待するのと同様の気構えが必要だということです。

「おまえが早く現場に戻ってきてくれればなあ」

そんな言葉が自然に出てくれれば、最高でしょう。その見返りに、あなたの会社員人生を左右する、有益な情報が必ず出てくるはずです。

43 欠勤1ヶ月で昇進が1年遅れる。不健康な社員に会社は冷たい

なんだか当たり前すぎて口にするのも憚られますが、生きていく上で何より大切なのは健康であることです。

体に異常がある状態では、たとえ心に期するものがあっても取りかかるべきではありません。志半ばにして、それどころではなくなる可能性があるからです。そうなれば周囲にだって、多大な迷惑をかけることになります。

したがって、まずは治療に専念し、健康体となることを目指すべきでしょう。本書で説こうとしている「会社にしがみつく」生き方も、健康な体があってこそです。

少し現実的な話をしましょう。

日頃会社は社員のことをとても大事に扱ってくれているように映ります。その成果にかかわらず、毎月決まった日に給料は振り込んでくれるし、利益が出たらボーナスとして分配もしてくれます。

有休だってあるし、「連続休暇をとれ」としつこく迫ってもくれます。家を買いたいと思えば、安い金利でお金も貸してくれるし、子供が生まれた際には気前よくお祝い金だってくれます。

ところが、健康でなくなった社員には、会社は意外にドライです。

たとえば重い病気を患って、長期休暇をとらざるをえなくなったとしましょう。有給休暇を消化している間は問題ありませんが、それを超えると当然欠勤扱いになります。欠勤は、ボーナスの査定に影響します。そして、その後の昇進についても、大きなハンディを背負うことになるのです。

筆者の知人である某専門商社の人事担当者から聞いた話によると、各々会社に明確な規定はないものの、欠勤1ヶ月で昇進が1年遅れるというのが大体の相場のようです（もちろん、本人のそれまでの会社に対する貢献度によって変わってはきますが）。

おそらく病気になれば、上司や人事部は「まずは病気をじっくり治すことだよ」と、休暇をとり、治療に専念することを勧めるでしょう。会社員である前に、人として生きることの方が大事なのですから、彼らが本心からそう言ってくれていることは間違いありません。

ただし、健康な体に戻った際に、以前と同等に扱ってくれるかといえば、それは違います。休んだ事実は、会社の記録と記憶に残ります。病を患ったのは自己管理ができていなかった結果と客観的に減点し、定められた出勤日数をクリアした者に比べて確実に低い待遇を与えるのです。

非情だと思われる方もいるかもしれませんが、組織を公正に運営していく上で仕方のないことだと思います。トップの意思を浸透させるためには、その構成はピラミッド型にならざるをえず、そのピラミッドを維持するためには、社員に優劣をつけなければならないからです。

営業部門などは明らかに数字で優劣がわかりますが、その他のセクションの成果については、明確な尺度は存在しないのが実情です。したがって、人事評価はどうしたって減点方式となり、欠勤日数は当然その対象となります。優劣をつけたい経営側からすれば、長期休養を余儀なくされた社員はまさに飛んで火に入る夏の虫と言えるかもしれません。

一方で、欠勤明けの社員はこれまで手厚い処遇を施してくれていた会社のあまりにドライな対応に面食らい、ある種の絶望感を味わいます。

ひたすら健康を取り戻すことに精進し、どうにか回復した後に、それを祝福してくれるどころか非情な現実を思い知らされるのですから、その心中や推して知るべしです。心の拠《よ》り所を失うといっても、決して大袈裟ではないでしょう。かといって、病み上がりですから他の受け皿を探すわけにもいかず、ただ孤独に耐えるしかないのです。

こんな悲惨な状況にならないための唯一の施策は、定期的な健康診断を受けることしかありません。健康診断は言うまでもなく、疾病の早期発見につながり、その進行を未然に防ぐ効果があります。

よく若い人に限って「もう何年も健康診断なんか受けてないや」と得意気に言う人を見かけますが、とんでもないことです。

健康診断は義務。

義務を果たさない社員に、会社は容赦しないことを肝に銘じてください。

しがみついたところで、振り払われるだけです。

㊹ SNSでむやみやたらにつながるな

SNS（ソーシャル・ネットワーキング・サービス）普及の勢いが止まるところを知りません。各企業も実業のなかにいかにして取り入れるかについて、躍起になっています。

近頃ではテレビ、ラジオなどの従来メディアまでもその存在を無視できなくなり、積極的に活用する番組も珍しくないほどです。

もちろん多くの会社員もすっかりはまっています。なかには完全に中毒者と化している方もいるようで、業務の合間を見つけては熱心にスマホの画面を覗《のぞ》き込む始末です。

普段言いたいことも言わずに、自我を抑える局面の多い会社員が、このSNSの虜《とりこ》になってしまう理由は重々理解できます。

生きていれば、嬉しかったり、悲しかったり、腹が立つ場面は当然あるはずで、それを誰かと共有したいと願うことを責めることはできないでしょう。

したがって、止めろとは言いません。業種によっては、世間の今を知る手段として、むしろ有効に使うべきとも思います。

ただし、会社員である限り、その使用方法についてはいくつか注意するべき点があります。使い方次第では、とんでもない墓穴を掘ってしまうことになりかねないからです。

その一つは、会社の同僚や業務で関連している人とは安易につながるなということ（あくまで個人で利用している場合に限ります）。

某都市銀行に勤務する友人Fの例をご紹介しましょう。

Fがfacebook上で以下のような内容を書き込みました。

「やってられない。なんで、こんなこともわからないんだろう。全く、裸の王様だ。とっとといなくなってくれないかなぁ」

もちろんこの裸の王様とは上司のことを指しています。一方で用心深いFは、facebookをやっていることを同僚には伝えておらず、友達は社外の人に限られていました。だからこそ油断して、前述のような陰口をつい叩いてしまったわけです。

ところが友達のなかに得意先がいて、その得意先がFと同じ銀行に勤める者とつながっていました。しかも、その得意先は前述のコメントに悪気なく「いいね！」ボタンを押してしまったのです。

facebookを利用したことのない方のために少し説明を加えますと、自身の友達が何か書き込みをしたり、「いいね！」ボタンを押すと、それらがすべて友達の友達にも表示される仕組みになっています。

結果、Fの書き込みは、社内の人間に知れ渡ることになってしまいました。何日か経って、その事実に気がついたFはあわてましたが、もうどうすることもできません。一旦ネット上に流出した情報を消滅させることはほぼ不可能だからです。

半年ほどが経って、Fは通例より2、3年ほど早く子会社へ出向する憂き目に遭います。もちろんこのfacebookの書き込みが原因であるかは定かではありませんが、彼自身は「それ以外に、考えられない」と断言していました。

その証拠に、内示の際にその上司から「口は災いのもとだぞ」と不敵な笑みを浮かべながら告げられたというのです。


さて、注意するべきもう一つは、本人と断定できる情報を公開してアカウントを取得している場合には、業務に関する内容について一切書き込んではいけないということ。

たとえ、ネットワーク内に社内の人間が存在しないとしてもです。

SNSの普及は想像以上に個々の世間を狭くしています。年齢が上がるほどその傾向は顕著で、「えっ、そこで」と思うような意外なところで人はつながっているのです。

思いもよらない再会が実現できたりと喜ばしいハプニングもありますが、その全く逆の現象が起こる可能性も同じ確率だけ存在します。悪意を持った輩と、ネット上とはいえ期せずして出くわしてしまうということです。彼らは、手ぐすね引いてあなたを陥れるための糸口を探しています。

したがって、その発言には十分な注意を払わざるをえず、それを面倒だと感じるなら匿名で参加するしか術はないのです。

SNSは個人がメディアを所有することを可能にしました。結果、これまで「どうせさあ……」と諦めていた人までもが積極的に声を上げるようになっています。この現象自体は歓迎すべきことだとも思います。ただし、メディアである以上、従来から存在するモノと同様にその発言には責任を持たなければいけません。個人といえども、「そんなつもりはなかった」では許されないのです。

声を上げた以上、批判を浴びたり、思わぬ窮地に追い込まれる可能性だってあることを今一度十分に肝に銘じましょう。

45 人はやっぱり見た目?

『人は見た目が9割』（新潮新書）というタイトルの本が、2005年にベストセラーになりました。

また、アルバート・メラビアンという心理学者が説いた7−38−55ルール（アメリカの心理学者が提唱した法則で、人の受け止め方は7パーセントが言語情報、38パーセントが口調や話の速さの聴覚情報、55パーセントが見た目による視覚情報で決まるというもの。ただし、メッセージの送り手がどうとでも取れるメッセージを発した場合という条件があり、したがってコミュニケーション全般にはあてはまらないとされています）という非言語コミュニケーションの法則も有名で、営業研修などでしばしば披露されていたりします。

いずれも、自身の印象を他人に与える上で、外見がとても大事だと訴えているわけですが、果たしてそうなのでしょうか。

生まれ持った顔はどうにかなるものではありませんし、体型については年齢により好ましいとされる基準は変化し、一概には断定できないので、この際の外見とは服装に限ることとします。

服装はその人の嗜好を反映するものです。

ここでいう嗜好とは単純な好みという意味合いだけではなくて、生きていく上での価値観を指します。

毎日のことですから、その人が何にプライオリティを置いて暮らしているかが如実に浮き彫りになるのです。

寒さ、暑さをしのげるのなら、着るものなんてなんでもいいと言う人をしばしば見かけます。服装に全く無頓着な人です。一見、表面的な体裁よりも人としての本質で勝負しているようで、頼もしく映るかもしれません。

この類に入る人は、実際本人に自覚があるかどうかは別にして、間違いなく自身の生き様に自信のある人です。自分の力だけを信じていれば、この先なんとかなると確実に高をくっています。もちろんその態度を露骨に表すことはしないでしょうが（なかには平気で態度に出している人もいます）、内心では、端から他人の手なんて、借りるつもりがないのです。

スポーツ選手や作家といった自己完結できる個人事業主なら、それはそれでいいでしょう。誰も文句は言いませんし、本当に成功を収めたなら、こぞってそんな嗜好も美談となるに違いありません。

ただし、これが会社員だった場合に通用するかというと、それは違います。言うまでもなく、会社員である限り、自分の力だけで全うできる仕事なんて存在しないからです。

歯車の一つとなり、それを確実に遂行していくことが会社員に与えられた使命です。あわせて、組織のスムーズな運営のために周囲との調和も求められています。会社のなかで居心地のいい場所を確保するためには、どちらかといえば後者の方により重きを置くべきでしょう。

したがって、いたずらに自我を主張するべきではないのです。自我の主張は、周囲に動揺を与え、調和を乱します。組織人として、最もあってはならない行為です。

本人にそのつもりはないかもしれませんが、服装を気にしないことは立派な自我の主張にあたります。

「俺は見てくれで勝負しない。会社には仕事をしにきてるんだから、何を着てたっていいんだよ」と言っているのと同じだからです。

また既婚者の場合は、身だしなみにあまりに無頓着でいると、家庭がうまくいっていない印象を持たれてしまう可能性もあります。

多くの家庭では、ダンナのファッションは奥さんの趣味に左右されがちです。ゆえに、夫婦間がぎくしゃくしているのではとの疑惑を持たれてしまいます。

この評判は、会社員の未来には少なからず悪影響をもたらすでしょう。ゴシップ好きな社員たちが「浮気がばれたらしいぜ」「嫁姑《しゅうとめ》問題だってよ」などと根も葉もない作り話と共に吹聴して回るからです。

では一体どんな服装にするのが妥当かということですが、「清潔」という言葉に集約されると思います。

他人から見て、清潔に感じるかどうかです。

取り立てて、流行《はや》りを取り入れる必要はありません。高価でなくてもいいのです。

ただし、極端に時代遅れなアイテムは控えるべきでしょう。何か特別なこだわりでもあるのかと穿った見方をされかねません。こだわりは趣味のいいものであれば問題ありませんが、時に嘲笑の的となります。想像以上に、周囲は見て見ぬふりをしながら観察していることをお忘れなく。

さあ、いつも着ているスーツを纏《まと》って鏡の前に立ってみてください。

鏡のなかのあなたはあなたから見て、清潔ですか？

46 ダメな社員ほどかわいい

「ダメな子供ほどかわいい」と言われます。

賛否が分かれるところかとは思いますが、こと会社と社員の関係においては、確実にあてはまる気がします。

もちろん「ダメな」とは仕事ができないという意味ではなくて、「手のかかる」あるいは「頼ってくる」と少し拡大解釈するのが相応《ふさわ》しいように思います。

会社には、社員の暮らしをサポートする、各種の福利厚生制度が整えられています。別の項で触れた「持株制度」もその一環ですし、休暇を過ごすための施設提供、住宅の家賃補助制度など、様々な施策をもって、会社は社員とその家族が少しでも安心して暮らせるように環境を整備してくれているのです。

会社が、こうまでしてくれる背景には、「社員に定着してもらいたい」「心身共に健康で、事業の発展に寄与してもらいたい」と願う意図があることは言うまでもありません。

ところが、こんな会社のせっかくの心遣いを踏みにじるかわいげのない社員が存在します。

「そんなところで、会社の世話になりたくないし……」

「会社とはフィフティ・フィフティの関係でいたいからさあ……」

こうした思いがあっても、それを口にすれば周囲に不愉快な思いをさせることになります。


たとえば家を買う時、会社に知られたくないと思うのか、その真意はわかりませんが、わざわざ銀行で高い金利のローンを組む人がいます。

審査も簡易で、しかも安い金利でお金を貸してくれる制度が、社内に整っているにもかかわらずです。

何百万、何千万という多額の金額であっても会社が気前よく貸してくれるのは、社員のことを信じているからで、その誠意を無視する適当な理由が筆者には見つかりません。

よく、「会社からお金を借りて、家を買った途端に転勤を命じられる」なんて噂を耳にします。借りた以上会社を辞めることはないから、その社員の扱い方が雑になるというのが根拠のようです。

その真偽を知りたくて、某メーカーの人事部に勤める友人に尋ねたことがあります。

彼は「絶対にそんなことはない」と即答しました。もちろん、たまたま人事ローテーションにはまってしまった時に、「ちょうど家を買ったみたいだから今回は見送ってやろう」とはならないようですが、「あいつ、家買ったし、地方に飛ばすか」というイジワルな発想はあるわけないと断言したのです。第一、異動や転勤には相当のお金がかかるから、そんなムダ使いをしている余裕はない、と。

一例かもしれませんが、彼の勤めるメーカーは誰もが知っている大手食品メーカーです。したがって、他の会社の実態も同様であると推測できます。

だったらやっぱり、四の五の言わずに借りた方がいいに決まってます。

会社の力を利用できる時には、素直に、そしてありがたくそのお力を拝借するに限るのです。

そもそも会社と張り合おうという子供じみた思いつき自体が、間違っています。

その先に一体何があるというのでしょう。

会社に頼らない一匹狼的な生き方は、個人のプライドを保つことにはなるかもしれませんが、それ以外に得るものはありません。そして、そのプライドさえ、会社で居心地いい場所を見つける上で、時として障害になります。周囲が警戒し、その結果、協調の和を乱すことになるからです。

会社を頼りにする生き方は、周囲の誰からも好感を持たれます。

この会社で生きていくんだという覚悟が見え隠れするからです。

「僕は、ここにずっといますよ」と周囲に感じてもらうことは、同僚に安心感をもたらします。その安心感が、周囲との人間関係に好ましい影響をもたらしてくれることに、議論の余地はないはずです。

どんどん会社に頼ってください。迷うことなく、家族ぐるみで、助けてもらってください。ダメな社員は、会社にとっても、同僚にとってもこの上なくかわいいのですから。

47 昇進の喜びは分かち合う

会社によって多少の違いはあるでしょうが、30代後半から40代前半辺りで、同期のなかでも昇進の時期にずれが出てきます。

お互いに今まで仲間だと思っていた同士に、会社が突然優劣をつけるのです。もちろん、給与にだって、歴然とした差がつきます。とても残酷ですが、ポストの数には限りがあるのですから、致し方ないことでしょう。

そんな日がいつかはやってくることを、頭では理解していながら、いざ現実になるとやっぱり平常な気分ではいられないものです。

とくに、先を越された側なら、そうやすやすと受け入れられる事態ではありません。

某精密機器メーカーに勤務する筆者の友人Bは、同期の一人と入社以来、互いのプライベートについても隠し事がないくらいの親しい間柄にあったそうです。夏休みは同じ時期にとって、互いの家族を含めて旅行することが恒例だったとか。

ところがある日、これまで主任になるのも課長になるのも同じタイミングだったその同期だけが部長に昇進を果たし、社内での待遇に格差が生まれてしまいます。

しかもその昇格人事を、Bは人事部から送られてくる一斉メールで知ることとなったのです。もちろん、先を越されたこともショックだったのですが、何よりその同期から事前に知らされていなかったことに、彼は激しく動揺しました。前もって内示はあったはずで、社内に公示される前に一言教えてくれる機会は、いくらでもあったのです。そして一日、あれこれと思いを巡らすうちに、あれほど親しかった同期に、疑惑を抱くようになります。

内心ではずっと自分のことを下に見ていたんじゃないか、という疑惑です。

互いが同じ思いだと考えていたからこそ繰り広げた会社への批判も、「そんな考えだから、出世できないんだよ」「まだまだ甘いよな」などと鼻で笑いながら、聞き流していたのではないか、と。

結局、その日Bは、同期にお祝いの電話を入れることも、メールを打つこともできませんでした。それどころか、それ以来、同期の姿を会社で見かける度に、身を隠すようになってしまい、一緒に飲みに出かける機会もなくなってしまったそうです。

半年ほどが経って同期会があり、その際にはなんとか話はできたそうなのですが、現在に至るまで嘗てのような関係の修復には至っていないとのことでした。


言わずもがなですが、会社のなかで、同期は特別な存在です。

時に誰が味方で誰が敵かがわからなくなってしまう会社生活のなかで、スタートラインに同時に着いたという事実は、先輩や後輩に対しては決して持つことのない特別な同胞意識をもたらしています。場合によってはライバル意識も生まれるかもしれませんが、潜在的には決して裏切ることのない家族のような存在で、ある種の安心感を抱いているはずです。

だからこそ、遠慮することなく仕事上の悩みだって打ち明けることができますし、虚勢をはらずに素のままの自分を見せることにも抵抗がありません。こんな相手は、会社中見渡しても、同期以外にはいるはずがなく、そのありがたみは日頃から肝に銘じるべきなのです。

したがって、前述したBのような行動は論外で、辛い時に寄り添い合うだけでなく、喜ばしい時にも分かち合おうとするのが、同期に対してあるべき態度なのです。

確かに、待遇に差をつけられることは辛いでしょう。忍びないでしょう。

でも、別の項でも触れたように、出世の鍵を握っているのは多分に運であり、必ずしも実力を測る物差しではありません。先を越されたからといって卑屈になる必要なんてないのです。たまたま運がなかっただけなのですから、堂々としていればいいと思います。

逆に考えれば、信頼し合う仲間が出世することのメリットは計り知れません。貴重な情報だって入手しやすくなりますし、いざという時には、これまで以上に力になってくれます。

会社のなかで居心地のいい場所を作るために、この上ない力強い味方が現れたと言っても過言ではないのです。

だからこそ素直に「おめでとう」を言うべきです。

自分だけ待遇が良くなることに少なからず後ろめたさを感じていた同期の心に、その一言は確実に響きます。

きっと、嬉しいと同時に、意気に感じるに違いありません。

そして二人は、日常的に足の引っ張り合いが横行する会社のなかで、永遠に裏切り合うのことない間柄となりうるのです。

あとがき

この本の執筆にとりかかったのは、某都市銀行に勤務する後輩から「会社を辞めようと思うんですけど……」と相談されたのがきっかけでした。

聞けば、支店長ととにかくウマが合わなくて、今では通院を余儀なくされるほどに精神的に病んでしまったんだとか。

「でも、銀行って転勤が多いから、上司なんてすぐに変わるんじゃないの？」と尋ねますと、「それまで待てない」と言います。

ところが、その後の進路については、別の邦銀に移る、外資系の生保に転職するなどいくつかある選択肢のなかで決めかねているようでした。

僕は迷わず、退社を思い止まるように説得を試みました。

話を聞くうち、彼がここまで追い込まれてしまった要因は、あながちその支店長にだけあるのではなくて、彼自身の振る舞いにも問題があると考えたからです。

彼の言動を正さない限り、別の会社に転職を果たしたところで、きっとまた同じ状況に陥ってしまうと直感しました。

あわせて、次に特段やりたいことがあるわけでもなく、ただ現状が我慢できないから逃げ出したいという発想にも同調できなかったのです。

実はかくいう僕も3年前に、18年間勤めていた会社を退社しました。

それ以前に勤めていた証券会社時代を合わせますと、都合21年間にも及ぶサラリーマン生活にピリオドを打ったのです。

当初は、退社の原因だった上司との確執からも解放されて、前途に明るい希望を見出していました。ところが今となっては、どうして辞めてしまったのかと後悔の日々。

安定しない収入、そんな不安を分かち合える仲間もいない。何より、冷静になって考えれば考えるほどに、上司との確執の原因は僕自身の言動にあったと確信したのです。

どうしてあの時、そんな自身の愚かさに気がつかなかったのか。

できることなら、会社に戻りたい。そして、同じ釜の飯を食う同志と喜怒哀楽を分かち合いたい。そんなわがまま、通用するはずもありませんが……。

転職によりステップアップしていく人。起業して花開く人。会社を飛び出して成功した人は、皆さんの周りにもいるかもしれません。

でも彼らには、何事にも屈しない強靭な精神力と類まれなる発想力が兼ね備わっていたことを、忘れないでいただきたい。

彼らは決して一般的ではなくて、稀有な存在なのです。

恥ずかしながら僕も、その点を完全に見誤っていました。


どうか皆さん。

現状を否定した上での退社は思い止まってください。

そして今一度、自身の行動を振り返ってみてください。

居心地の悪さを作ってしまった要因は、往々にしてあなた自身の言動にあるのです。


ちなみに退社の相談をしてきた彼は、説得が功を奏し、会社に留まる決意をした3ヶ月後に本店転勤の辞令を受けました。現在、銀行マンとしての誇りを再び取り戻し、毎日、新橋界隈《かいわい》を昼飯を食べる時間も惜しんで駆け回っています。

伊藤洋介

幻冬舎新書 302

上司は部下の手柄を奪え、部下は上司にゴマをすれ

会社にしがみついて勝つ47の仕事術

二〇一三年五月三十日　第一刷発行

著者　伊藤洋介
発行人　見城　徹
編集人　志儀保博

発行所　株式会社　幻冬舎
〒一五一-〇〇五一　東京都渋谷区千駄ヶ谷四-九-七
電話　〇三-五四一一-六二一一（編集）
　　　〇三-五四一一-六二二二（営業）
振替　〇〇一二〇-八-七六七六四三

ブックデザイン　鈴木成一デザイン室

印刷・製本所　中央精版印刷株式会社

JASRAC　出1304609-301

検印廃止

Printed in Japan　ISBN978-4-344-98303-8 C0295
い-22-1

幻冬舎ホームページアドレス http://www.gentosha.co.jp/
＊この本に関するご意見・ご感想をメールでお寄せいただく場合は、comment@gentosha.co.jp まで。